Hast du Stress?

Wenn ja, dann lies mein Buch!

Wenn nein, dann lies trotzdem mein Buch!

Impressum

© 2019 Thomas Pusat

Euskirchen, 01.11.2019

thomaspusat@web.de

Herausgeber: Thomas Pusat

Autor: Thomas Pusat

Umschlaggestaltung, Illustration: Thomas Pusat

Lektorat, Korrektorat: Christiane Müller

Verlag & Druck: tredition GmbH, Halenreie 40-44, 22359 Hamburg

978-3-7497-7750-1 (Paperback)
978-3-7497-7751-8 (Hardcover)
978-3-7497-7752-5 (e-Book)

Bibliografische Information der Deutschen Nationalbibliothek: Die Deutsche Nationalbibliothek verzeichnet diese Publikation in der Deutschen Nationalbibliografie; detaillierte bibliografische Daten sind im Internet über http://dnb.d-nb.de abrufbar.

Ratgeber-Buch

Vielen herzlichen Dank an Christiane Müller

Inhaltsverzeichnis

Vorwort

Hallo, liebe Leser!

Weil ich dieses Ratgeber-Buch unbedingt fertigstellen wollte, habe ich eines Tages die Entscheidung getroffen und den Willen dazu aufgebracht, ganz einfach mit dem Schreiben zu beginnen. Es lag mir seit Langem am Herzen, meine Gedanken in Worte zu fassen. Die Worte und die Sätze, die ich ständig in mir trug, wollte ich endlich in einem Buch zusammenfassen. Es war mein sehnlichster Wunsch, meine Gedanken mit der Welt zu teilen. Mit diesem Buch möchte ich meine Gefühle, meine Gedanken und die Erfahrungen, die ich in den bisherigen Jahren meines Lebens gesammelt habe, an Sie weitergeben und Sie wissen lassen, was ich zu sagen habe.

*Wenn Sie, liebe Leser, dieses Buch aufmerksam lesen, werden Sie feststellen, in wie vielen Situationen wir Menschen hinters Licht geführt werden, dass wir manche unserer **Gedanken** gar nicht bewusst wahrnehmen und dass ein Teil unserer **Handlungen** unbewusst erfolgt. Damit Sie in Zukunft mit offenen Augen durch die Welt gehen, möchte ich Sie mit diesem Ratgeber-Buch darauf hinweisen.*

*Vielleicht fragen Sie sich, warum ich diesen „provokanten" Titel ausgewählt habe. Nun, damit möchte ich Ihnen gleich am Anfang die direkte Frage stellen, ob Sie in Ihrem Leben tatsächlich **Stress** haben. Gleichzeitig möchte ich Sie damit dazu **motivieren**, mein Buch zu lesen.*

Bilder sagen nun einmal wesentlich mehr als Worte. Trotz meines „gruseligen Titels" habe ich mich für ein Buch-Cover entschieden, das eine idyllische Landschaft zeigt. Dies soll meine Botschaft für Sie verdeutlichen, dass Sie im Anschluss an das Lesen dieses Buches über mehr Klarheit verfügen werden.

Bei allem, was dieses Buch beinhaltet, handelt es sich um ganz persönliche Erfahrungsberichte, die beste Art der Recherche, die man als Mensch in der heutigen Zeit anstellen kann. Aber auch, wenn Sie die Theorie aus diesem Buch hundertprozentig in die Praxis umsetzen, kann ich Ihnen nicht versprechen, dass ausnahmslos alles so funktionieren wird, wie Sie es sich vielleicht vorstellen. Dieses Versprechen kann Ihnen niemand geben, weil es letztendlich einzig und allein an Ihnen liegt, wie Sie zukünftig handeln werden. Das heißt aber noch lange nicht, dass Sie beim Lesen dieses Buches keinen Spaß haben werden. Dass Sie beim Lesen Ihren Spaß haben werden, wünsche ich Ihnen nämlich von ganzem Herzen.

Thomas Pusat

Kapitel 1

STRESS!

Das Wort, das es eigentlich nicht geben dürfte!

von Thomas Pusat

Stress, Stress, Stress...

Jeder kennt es, jeder hat davon gehört, jeder spricht davon ...

Stress hier, Stress da, Stress ist überall ein Thema - und genau darin liegt das Problem!

Ich habe mit vielen Menschen darüber gesprochen oder einfach nur durch Hörensagen erfahren, dass beinahe alle meinen, Stress zu haben – ganz egal, in welcher Lebenssituation sie sich befinden. Menschen auf der gesamten Welt benutzen dieses Wort heute viel zu oft. In nahezu jedem Satz kommt das Wort heute vor.

Fragen Sie sich manchmal auch, wie es dazu kommen konnte oder warum es so ist und die Menschen heutzutage das Wort <u>Stress</u> immer und immer wieder benutzen? Meistens tun sie es sogar unbewusst, weil sie gar nicht wissen, was das Wort „Stress" in Wirklichkeit bedeutet und was man sich selber damit antut.

Ich persönlich finde das unendlich schade und bedauere es zutiefst, dass sich so viele Menschen das selber antun, sich mit diesem Wort abfinden oder sich sogar damit identifizieren, Ja, Sie haben richtig gelesen. „Mein Leben besteht NUR noch aus Stress", wurde mir schon unzählige Male gesagt. Bei diesem Satz kann ich nur mit den Kopf schütteln und innerlich grinsen.

„Wenn all diese Leute doch nur wüssten, welchen Unsinn sie da von sich geben."

Meine lieben Leser, verstehen Sie mich bitte nicht falsch! Ich will Ihnen wirklich nichts Böses. Es ist einfach nur mein Herzenswunsch, Ihnen mit meinem Buch zu helfen und Ihnen zu erklären, warum Sie das Wort „<u>Stress</u>" <u>in Wahrheit gar nicht brauchen!</u>

In diesen Ratgeber-Buch möchte ich begründen und erklären, wie Sie in Zukunft ohne das Wort „Stress" (Mein Gott, wie mich dieses Wort jetzt schon Nervt!) auskommen und ohne das Wort und seine Bedeutung viel besser leben können. Das Hintergrundwissen dafür möchte ich Ihnen auf diesen Seiten gern vermitteln.

Dazu will ich das Wort erst einmal genauer definieren, damit Sie beim Lesen meines Buches selber merken, wie die heutige Gesellschaft uns mit diesem Wort manipuliert und für dumm verkauft. Und nein, Sie müssen keine 29,95€ pro Monat bezahlen, damit Sie in Zukunft stressfreier leben können.

Haben Sie jetzt vielleicht schon erkannt, worauf ich hinauswill?

Heute soll man dafür bezahlen, stressfreier zu leben. Man soll bunte Pillen nehmen, einen Anti-Stress-Tee trinken, einen teuren Kurs belegen, zwei bis dreimal oder noch besser gleich mit einem Jahres-Abo - in ein Wellness-Hotel oder Spa gehen oder am besten ein überteuertes Buch kaufen, in dem angeblich steht, wie Sie mit Stress umgehen und damit im Alltag klarkommen können - und so weiter und so fort... Was für ein Bullshit! Entschuldigen Sie bitte den Ausdruck, aber glauben Sie mir bitte, dass keines dieser Bücher Ihnen erklären wird, dass Sie dieses Wort in Wahrheit gar nicht brauchen. Wichtig ist nur, wie Sie mit „Stress" klarkommen und damit leben können!

Das bedeutet in anderen Worten, Sie haben natürlich die Möglichkeit, eines oder gleich mehrere dieser oben erwähnten Beispiele auszuprobieren, die Produkte zu kaufen, Kurse zu belegen oder sogenannte Orte der Entspannung zu besuchen. Ist doch klar, die Gesellschaft will nur unser Bestes, sprich unser Geld. Aber träumen Sie ruhig weiter, solange keiner Sie aufweckt und Ihnen sagt, wie wir hinters Licht geführt werden!

Jetzt sitze ich hier vor meinen Laptop, schreibe dieses Buch und werde das Gefühl nicht los, dass, sobald dieses Buch erscheint und viele Menschen aufwachen, ihre Augen öffnen oder zumindest über mein Buch diskutieren, dieses Buch heftiger Kritik ausgesetzt sein wird. Da wird es dann heißen: „Wie kann der sich erlauben, so etwas zu schreiben, wo doch die armen Menschen heute so viel Stress bei der Arbeit, in der Familie, mit Verwandten, Freunden und Bekannten oder in anderen Lebenssituationen haben?"

Ja, ich gebe es zu. Es stimmt und ist gar keine Frage, dass man im Leben ständig sehr viel zu tun hat, weil das Leben immer schneller wird. Ja, es stimmt auch, dass die Arbeit heutzutage schwieriger und unsicherer geworden ist und viele Chefs immer mehr von einem verlangen.

Man muss bei der Arbeit jederzeit 100 Prozent Einsatz zeigen. Manche Chefs hätten lieber sogar bis zu 200 Prozent Einsatz. Dazu sage ich hier besser nichts, denn das ist nicht das Thema meines Buches.

Aber jetzt komme ich zu einem Punkt, zu dem ich etwas sagen kann und will, und dazu stehe ich. Es gibt trotz allem noch lange keinen Grund, um zu sagen: „Boah, ich habe voll viel Stress bei der Arbeit." Ja, Sie haben richtig gelesen! Ja, o.k., es gibt echt viel zu tun und es kann wirklich sehr schwer sein. Ich merke das ja selber bei meiner Arbeit, aber ich habe mir trotzdem nie anmerken lassen, wie viel angeblichen Stress ich habe, geschweige denn das Wort ausgesprochen.

Es lag mir noch nicht einmal auf der Zunge. Wenn mich meine Kollegen gefragt haben: „Wie, Du hast keinen Stress bei der Arbeit? Was ist mit dir los?", habe ich einfach geantwortet: „Was meinst du denn damit? Stress kenne ich nicht."

Wir haben alle genug zu tun. Das akzeptiere ich, aber das ist doch immer noch tausendmal besser, als gar nichts zu tun zu haben.

Wenn mein Chef will, dass ich die Arbeit heute noch erledige, dann mache ich es einfach. Was soll's? Ich stelle mir dann immer vor, was momentan viel Schlimmeres auf der Welt passiert, und ich möchte nicht mit anderen tauschen, denen es nicht so gut geht. Ich jammere nicht und ich benehme mich nicht wie ein kleines Kind, dem man gerade den Lolli geklaut hat.

Hier in Deutschland jammern wir nun mal auf höchstem Niveau. Wir Jammern viel zu viel über alles Tag täglich.

Uns geht es im Großen und Ganzem im Vergleich zu anderen Ländern nämlich richtig gut. Und ich soll voll den Stress z.B. bei der Arbeit haben? „Nein, lass' mal, nicht mit mir", sage ich dann immer. Das Wort „Stress" hat aber leider von Jahr zu Jahr immer mehr an Bedeutung gewonnen. Mittlerweile hat es beinahe schon einen evolutionären Touch und sich zu einer Art Mode-Wort entwickelt.

Wenn ich zum Beispiel jemanden seit langer Zeit nicht mehr gesehen habe und denjenigen dann per Zufall auf der Straße treffe, frage ich sie oder ihn: „Wie geht es dir?" Und darauf bekomme ich zu 99,99% dieselbe Antwort: „Ach, viel Stress."

Dann denke ich mir: „O.k., für die so tickenden Menschen bedeutet das, dass sie Ärger bei der Arbeit oder mit der Familie, der Freundin, dem Freund, der Frau oder dem Mann haben."

Ich finde es sehr traurig, dass man mit diesem einem Satz alles zu sagen meint und es kurz und schmerzlos formuliert.

Wo bleibt da ein richtiges, vernünftiges Gespräch zwischen zwei Menschen? Stattdessen gibt es nur eine kurze Info hier, eine kurze Info da, man lacht ein bisschen und dann gehen beide wieder ihren Weg. „Danke für das nette Gespräch", denke ich anschließend innerlich und gehe kopfschüttelnd weiter.

Genau diese und andere Situationen in meinem Leben haben mich nachdenklich gemacht. Warum ist die Menschheit so geworden, wie sie heutzutage sind?

Ohne es je selber zu verwenden, habe ich mich viele Jahre lang damit beschäftigt, zu beobachten, wie oft die Menschen in ihrem Leben in Gesprächen das Wort „Stress" benutzen.

Die Ergebnisse meines Nachdenkens waren erschreckend. Jeder Mensch, mit dem ich mich unterhalten habe, benutzt dieses Wort ständig.

Wenn ich Gespräche zwischen anderen höre oder Texte lese - in den Medien, im Internet, im Fernsehen und im Radio –, überall ist vom Stress die Rede.

Ob man es bewusst oder unbewusst ausspricht, ständig wird das Wort „Stress" mit eingebunden.

An der Stelle muss ich Sie als Leser etwas fragen, damit Sie anfangen, darüber nachzudenken, was das Wort „Stress" in Wirklichkeit bedeutet,

Wissen sie eigentlich, woher das Wort kommt???

Ja, genau, aus dem Englischen - und Stress bedeutet ins Deutsche übersetzt „Druck". Deshalb frage ich Sie jetzt noch einmal:

Wo um Himmelswillen hat man „Druck" im Leben???

Also, ich persönlich habe „Druck", wenn ich auf der Kloschüssel sitze - und sonst nirgendwo!

Für meine Ausdrucksweise bitte ich Sie hiermit noch einmal um Entschuldigung, aber so ist es nun einmal. Und weil die meisten Menschen in ihrem Leben Stress verspüren, meinen sie, dass sie sofort einen Anti-Stress-Tee trinken oder zum Arzt laufen müssten, um sich bunte Pillen verschreiben zu lassen, damit sie weniger unter dem ganzen „Stress" bzw. unter dem „Druck" leiden. Letztendlich setzen sie sich damit aber nur selber unter „Druck".

Das können sie nämlich nur selbst tun und kein anderer. Dass sie es zulassen, ist ihre eigene Entscheidung.

Ich will damit nicht sagen, dass man keine Wellness-Hotels mehr besuchen soll. Ein bisschen Entspannung tut jedem gut, gar keine Frage.

Ich will auch nicht zum Boykott gegen Unternehmen oder Firmen aufrufen, die diese - ich bezeichne es mal selbst als „Marktlücke" - entdeckt haben und ihre Dienste oder Produkte verkaufen wollen. Mit diesem Buch möchte ich mir schließlich keine Feinde machen.

Es geht einfach nur darum, dass man sich mit dem Wort „Stress" nicht infiziert. Es soll von keinem Menschen mehr Besitz ergreifen. Man sollte am besten einfach darüber stehen und sich NICHT dem Wort „Stress" unterwerfen. Bleiben Sie stark und behalten Sie die Oberhand, wenn es um das Wort „Stress" geht.

Das ist so ähnlich, wie wenn man versucht, mit dem Rauchen aufzuhören. Man kämpft dagegen an, man will es aus seinem Leben verbannen, aber man hat es sich angewöhnt und es ist unendlich schwer, es sich anschließend wieder abzugewöhnen. Im Grunde ist das Ganze eine reine Kopfsache und die Entscheidung können wir nur ganz bewusst treffen.

Wie ich es eben schon sagte, möchte ich Ihnen mit diesem Buch helfen. Es ist mein Herzenswunsch, dass Sie in Zukunft mit weit offenen Augen durch das Leben gehen.

Machen Sie sich unabhängig von dem Wort „Stress", bleiben sie stark und hören Sie auf, in Ihren Sätzen das Wort „Stress" immer und immer wieder zu verwenden!

Jedes Mal, wenn ein Mensch in meiner Gegenwart das Wort erwähnt, stelle ich mir das Geräusch einer „quietschenden Schultafel" vor. Es fühlt sich an, als ob jemand in meinen Gedanken mit den Fingernägeln an der Tafel kratzt. Und wer mag schon „quietschende Schultafeln"? – Keiner!

So ist es auch mit dem Wort „Stress". Stellen Sie sich vor, dass man das Wort „Stress" nicht mehr ertragen kann, dass es einen einfach nervt und dass es ab sofort ein „No-Go" in Ihrem Leben ist!

Kappen sie das Seil zwischen sich selber und dem Wort „Stress"! Sprengen Sie die Ketten, die Sie daran fesseln! Entfernen Sie das Wort „Stress" aus Ihrem Wortschatz! Wie der Bundestag Gesetzte abschafft, setzten Sie das blöde Wort „Stress" einfach ab. Verbannen Sie dieses Unwort endgültig aus Ihrem Leben!

Glauben Sie mir, Sie werden sich bald schon viel besser fühlen - von Tag zu Tag! Viele Menschen in meinem Umfeld, mit denen ich über dieses Thema gesprochen habe, haben mir zugestimmt. Ich wünschte, ich könnte Ihnen Brief und Siegel geben.

Es geht mir ehrlich nicht darum, Recht zu haben. Es geht mir viel mehr darum, dass Sie sich besser fühlen, nachdem Sie das Wort „Stress" aus ihren Leben „verbannt" haben.

Vielleicht kann ich Sie ja zumindest dazu anregen, darüber nachzudenken, etwas in Ihrem Leben zu verändern, und zu begreifen, was man sich und den Menschen in seinem Umfeld mit diesem Wort antut.

Beobachten Sie einfach mal selber die Menschen in Ihrem Umfeld und betrachten Sie das Fernsehen, das Radio oder andere Medien von außerhalb!

Machen Sie Ihre eigene Analyse und forschen Sie nach, wie oft das Wort „Stress" in Gesprächen oder in Texten erwähnt wird! Noch besser ist es, wenn Sie aus eigenem Interesse Menschen in Ihrem Umfeld oder Passanten, die sie gerade treffen oder später treffen werden, nach ihren Erfahrungen damit fragen, während Sie dieses Buch lesen. „Und....? Viel Stress gehabt heute?", oder: „Wie war dein Tag? Stressig?", oder: „Hast du heute bei der Arbeit einen stressigen Tag gehabt?" Mit hoher Wahrscheinlichkeit werden Ihnen die Menschen mit „Ja" antworten oder einen kurzen Satz formulieren, wie zum Beispiel: „Ja, heute hatte ich sehr viel Stress."

13

Ich habe diesen Test schon gestartet, als ich an einem schönen, sonnigen Wochenende mit drei guten Freunden im Biergarten saß und mich mit meinen Freunden über das Thema „Stress" unterhalten habe. Ich habe ihnen erklärt, dass sie damit aufhören sollten, immer und immer wieder das Wort „Stress" zu verwenden – und natürlich mit Erfolg. Sie wissen ja inzwischen, dass ich das Wort „Stress" liebe wie Bauchschmerzen.

Nun, im Biergarten nach ein paar „kühlen Blonden" sagte ich zu meinen Freunden: „Passt auf! Ich frage jetzt die Kellnerin, wie ihr Tag war, und bevor ich das tue, frage ich euch, was sie antworten wird. Was denkt ihr, wird sie antworten?"

Der erste Freund meinte: „Ist doch klar. Sie hat Stress ohne Ende." Der Zweite sah ihr lachendes Gesicht und sagte: „Ne, sie ist zu gut gelaunt. Man merkt ihr gar nicht an, dass sie bei ihrer Arbeit Stress hat." Der Dritte antwortete: „Ich bin fest davon überzeugt, dass sie das Wort „Stress" in ihrem Satz verwenden wird." „Was wollt ihr trinken, Jungs?", fragte die Kellnerin. Wir sofort: „Vier Bier." Kurz darauf fragte ich sie: „Und?! Viel Stress heute bei der Arbeit?"

Und jetzt kommt die entscheidende Antwort der Kellnerin. Was denken Sie? Überlegen Sie es sich, bevor Sie weiterlesen!

TROMMELWIRBEL...

„Ja, sehr viel Stress. Es ist halt viel zu tun." Und schon ging sie mit unserer Bestellung zurück in Richtung Theke.

Nachdem ich mit meinen Freunden über das Thema „Stress" gesprochen habe, waren sie selber davon überzeugt und angespornt, in ihrem Leben etwas zu ändern.

Lieber Leser, sie waren in dieser Situation nicht dabei, und ich muss ehrlich gestehen, dass ich die Kellnerin in ihrer Umgebung sozusagen „studiert" hatte. Ich habe gesehen, dass das Lokal an diesem Abend unterbesetzt war, sodass diese Kellnerin fast alle Gäste allein bedienen musste.

Deshalb war mir schon vorher klar, wie die Kellnerin auf meine Frage reagieren würde, dass sie mit einem kurzen Satz antworten und „Stress" mit einbinden würde, weil sie halt bei der Arbeit war und nicht viel Zeit zum Reden hatte. Ob sie das Wort „Stress" bewusst oder unbewusst verwendet hat, spielt keine Rolle.

Fakt ist, sie hat sich kurz gefasst, obwohl viele andere Menschen in der Situation gern erzählen würden, wie viel sie zu tun haben und, dass sie mit den Getränkebestellungen nicht hinterherkommen. Auch, wenn es für Sie in dieser Geschichte schon offensichtlich war, dass die Kellnerin über Stress klagen würde – ja, sie war bei der Arbeit, und da kann man sich nicht viel unterhalten - gibt es trotz allem auch endlos viele andere Lebenssituationen, in denen man eine Frage stellt und garantiert das Wort „Stress" zu hören bekommt.

Wie ich hier schon einmal erwähnt habe, bedeutet „Stress" auf Deutsch „Druck". Wenn Sie aus einem anderen Land stammen oder eine andere Sprache beherrschen, würde ich Sie jetzt gern fragen, ob es das Wort „Stress" auch in Ihrer Sprache gibt.

Ich will jetzt nicht auf alles schwören, was mir heilig ist, aber ich glaube, ich kann meine Hand dafür ins Feuer legen, dass Sie diese Frage mit „Nein" beantworten werden. Wieso ich mir so sicher bin? Ganz einfach, wie ich vorhin schon gesagt habe, kommt „Stress" aus dem Englischen und bedeutet ins Deutsche übersetzt „Druck".

Ich habe viele meiner Freunde und Bekannten gefragt, wie das Wort Stress in ihrer Sprache heißt, und es folgte minutenlanges Schweigen und Überlegen.

Die meisten wussten keine richtige Antwort auf meine Frage und konnten nur Worte nennen, die eine ähnliche Bedeutung haben. In meiner Muttersprache sagt man übrigens: „Es war schwer heute", oder auch: „Es ist ein sehr harter Tag gewesen", wenn man wirklich viel zu tun hatte und der Tag gefühlte 36 Stunden besaß.

Ob auf Türkisch, Russisch, Arabisch oder Spanisch - ganz egal, in welcher Sprache - es gibt das Wort „Stress" in anderen Sprachen einfach nicht.

Sollte jetzt jemand zu mir kommen, mir ein Wörterbuch seiner Sprache zeigen und mir beweisen, dass das Wort „Stress" in seiner Sprache doch existiert, kann ich nur sagen: „Herzlichen Glückwunsch und Applaus, aber das wurde auch aus der englischen Sprache übernommen."

Und bitte sagen Sie, während Sie das Buch lesen, nicht: „Doch, doch, es gibt das Wort z.B. auf Türkisch. Da sagt man „Strässs." Sonst fange ich nämlich ganz laut zu schreien an.

Wie ich es in eigenen Worten gern formuliere: Das Wort „Stress" hat einen „evolutionären Touch" und hat von unserer heutigen Gesellschaft Besitz ergriffen und es ist zum „Mode-Wort" geworden.

Ein anderes Beispiel ist das Wort „Kaffee to go". Wir benutzen es immer öfter. Der Trend steigt, aber meiner Meinung nach ist „Kaffee to go" nur halb so wild und schlimm wie das Wort „Stress".

Man geht in einen Supermarkt und holt sich einen „Kaffee to go". Für diejenigen, die es vielleicht nicht wissen, heißt das ins Deutsche übersetzt „einen Kaffee zum Mitnehmen".

Stattdessen sagen wir lieber aber „Kaffee to go". In der heutigen Zeit und in der nächsten Generation wird es immer mehr solche Begriffe, wie „to go", „round about", „cloud" usw., geben, um hier nur einige Beispiele zu nennen.

Ich bezeichne die nächste Generation gern als „Smartphone-Generation" oder als „Social-Network-Generation", was dann aber bestimmt schon wieder voll „out" ist.

Ich habe sehr gemischte Gefühle, wenn ich Menschen sehe oder beobachte, die auf ihr Smartphone starren und das Umfeld um sich herum dabei gar nicht mehr wahrnehmen. An dieser Stelle muss ich eines klarstellen: Ich bin in den 80'er Jahren geboren.

Das soll jetzt nicht heißen, dass alles vor der Erfindung des Smartphones besser war. Das stimmt natürlich nicht, denn es gibt Erfindungen und Technologien, die unser Leben wirklich vereinfachen, wie zum Beispiel das Internet, 3D-Drucker oder Mp3-Player.

Ich selber finde Erfindungen bzw. Technologien, die in einem „guten Sinn" benutzt werden, sehr gut. Ich selber besitze einen Laptop, ein Tablet und ein Smartphone und ich kann und will nicht behaupten, dass das alles „Teufelszeug" ist.

Meiner Meinung nach sind das Erfindungen, die unser Leben vereinfachen, die uns ermöglichen, schneller ans Ziel zu kommen und die in manchen Situationen wirklich helfen können. Ich will Ihnen hier auch nichts vorschreiben, aber man sollte es besser nicht übertreiben und versuchen, sich eine Grenze zu setzen. Wann ist es vorbei mit dem „Guten"? Ich sage immer, es ist wichtig, „die goldene Mitte zu finden" oder, anders ausgedrückt, die „richtige Balance zu bewahren".

Kennen Sie auch Menschen, die ständig sagen: „Ich habe keine Zeit", die aber pausenlos auf ihr Smartphone starren, dabei einen steifen Nacken bekommen und in jeder Minute „checken", wie ihr aktueller Status in sozialen Netzwerken ist oder was ein Freund oder Bekannter gerade „gepostet" hat?

Ich selber habe keinen Social-Network-Account. Einige Menschen werden jetzt echt geschockt sein und staunen, wenn ich das sage.

Manche fragen mich, wie ich in der heutigen Zeit keinen Social-Network-Account haben kann. Meine Antwort auf diese Frage ist ganz einfach: „Weil ich noch ein echtes Leben habe."

Es ist nicht so, dass ich Social-Network und Co. generell nicht leiden kann und nichts damit zu tun haben will. Die sozialen Netzwerke haben auch ihre „positiven Seiten" und man kann sie wirklich für gute Zwecke benutzen.

Meine Frau hat zum Beispiel einen Account, aber im guten Sinne, weil sie Verwandte im Ausland hat und im Netz sehr gut online mit ihrer Familie kommunizieren kann. Auf diese Weise hilft es, die Menschen, die einem am Herzen liegen, nicht aus den Augen zu verlieren, und mit ihnen in Verbindung zu bleiben.

Mein Schwager verstand die Welt nicht mehr, als er gehört hat, dass ich keinen Account habe. „Wieso? Da kann man doch mit seinen Freunden chatten usw.", meinte er. „Ja klar", antwortete ich ihm. „Pass mal auf, ich schreibe in dein Profil, dass ich gerade kacken war.

Wem gefällt das?", postete ich in seinem Account. „Mal sehen, wie lange es dauert, bis die ersten auf den „Gefällt mir"-Button klicken." Es dauerte übrigens keine zehn Minuten, bis die ersten auf den Button drückten und sogar Kommentare hinterließen.

Ich musste laut lachen und mir kamen schon fast die Tränen vor Lachen. Ich hätte mich hinschmeißen können, als ich es gesehen und gelesen habe. „Ne, lass mal lieber gut sein", sagte ich zu ihm. Es ist fast schon Wahnsinn, was Menschen sich so alles ausdenken und ins Netz stellen und wiederum andere Menschen sich dafür interessieren was so Manch einer so tun oder macht und das ständig verfolgt wie ein Stalker.

Es ist schlimm genug, dass die meisten Menschen täglich auf ihr Smartphone glotzen. Sie sitzen zum Beispiel zusammen mit Freunden an einem Tisch und alle haben ihr Handy in der Hand und „scrollen" um die Wette - den Bildschirm hoch und runter. Ein Freund meinte auch schon zu seiner Freundin: „Du streichelst dein Handy schon öfter als mich." Das ist ein Original-Zitat von ihm. Ganz nebenbei, bei solchen Menschen fällt mir der Satz ein: „Gemeinsam, aber dennoch einsam!" Diese Leute nehmen ihre reale Welt und ihr Umfeld gar nicht mehr wahr, solange sie sich in der virtuellen Welt befinden. Das ist wieder ein Kritischer Punkt, den ich ganz deutlich sehe. Da gibt es keine vernünftigen Gespräche mehr, sondern nur so dahingesagte kleine Sätze, man schaut sich dabei nicht mehr in die Augen, und mit dem Handy in der Hand „scrollt" man weiter über den Bildschirm.

Das ist auch einer von mehreren wichtigen Punkten, die ich in diesem Buch ansprechen werde. Aber darauf kommen wir später noch einmal zurück.

Meiner Meinung nach „stumpfen" die Menschen dabei ab. Ich glaube, dass die Menschen, die sich nur noch mit ihrem Handy beschäftigen, ganz stark dazu beitragen, dass die Menschheit immer mehr „abstumpft" und sich viel zu viele zunehmend von ihren Mitmenschen distanzieren. Das Ergebnis sind solche „Sätze", wie zum Beispiel: „Ja, voll viel Stress", oder: „Ja, alles gut", oder: „Läuft". Man „muss" eine kurze Info geben, aber bloß nicht zu lange sprechen.

Sonst erhöht sich nämlich der Stresspegel des Menschen, mit dem man redet, und man kann sich nicht mehr auf seinen Smartphone-Bildschirm konzentrieren. Das hört sich jetzt vielleicht übertrieben an, aber es ist dennoch die bittere Wahrheit und heute leider die Realität.

Konzentration ist mittlerweile auch ein Kritischer Punkt geworden. Wer kann sich heute eigentlich noch so richtig auf eine Sache oder auf eine einzige Aktivität konzentrieren?

Ausgenommen sind hier natürlich die Chirurgen, die während einer Operation nicht mal eben schnell ihre Nachricht lesen können. Ansonsten konzentriert sich aber kaum noch ein Mensch - es sei denn, er verfügt über eine überdurchschnittlich starke Selbstbeherrschung und er hat sich besonders gut unter Kontrolle.

Es gibt noch eine erschreckende Nachricht, von der heute Millionen von Menschen betroffen sind, - die sogenannte „Pandemie", die in unseren Köpfen stattfindet. Unter einer Pandemie versteht man die auf mehrere Länder übergreifende Ausbreitung einer Krankheit, die für Menschen eine hohe Ansteckungsgefahr mit sich bringt. Das heißt im Klartext, dass es sich hierbei um eine Infektionskrankheit handelt. Im Gegensatz zu einer Epidemie ist eine Pandemie nicht auf eine bestimmte Region beschränkt. Stattdessen kann es jeden treffen, der sich anstecken lässt, - völlig unabhängig davon, wo er sich gerade befindet. Hier spreche ich von der Übermüdung, einer fortlaufend wiederkehrenden (chronischen) Erschöpfung. Besonders beunruhigend ist es, dass es hierbei nicht um einen permanenten Schlafmangel geht, sondern um eine ständige Ablenkung, wie zum Beispiel durch die sozialen Netzwerke bzw. die Medien. Vor allem in der Entspannungsphase führen diese ununterbrochenen Einflüsse dazu, dass die Menschen nicht mehr zur Ruhe kommen. Dabei erteilen die Menschen ihrem Gehirn selbst den Befehl, nicht zur Ruhe zu kommen.

Dies hat zur Folge, dass sie im Laufe der Zeit zunehmend gereizter und aggressiver werden, weil sie auch dann keine Ruhe finden, wenn sie sie dringend brauchen. „Bloß nichts verpassen!", lautet die Devise in ihren Gedanken. Gleichzeitig muss ihr Gehirn fortwährend die endlose Datenflut verarbeiten, bis es vollkommen überlastet ist und sich der Mensch total erschöpft fühlt und nur noch herunterfahren möchte, dies aber nicht darf.

Die Schuld daran liegt bei uns selbst. Diese Vorgänge lassen sich nicht schonender beschreiben. Wenn wir über einen längeren Zeitraum hinweg ständig müde und erschöpft sind, wird sich unser Nervensystem entsprechend umstrukturieren, was zwangsläufig dazu führt, dass sich unser Denkvermögen verschlechtert.

Dies wiederum kann Depressionen, Aggressionen und Frustration nach sich ziehen, was gesundheitliche Schäden verursacht. Auch dies zählt zu den Gründen für unsere zunehmende Abstumpfung.

Entscheiden Sie doch einfach einmal für sich selbst: „Da schaue ich erst später mal rein."

Heute bezeichnet man dies als „Digital Detoxing". Hier ein Piep, da ein Blinken, Alarmglocken und Klingeln. „Sie haben Post", dort... Sobald der Ton erklingt, wird sofort das Handy herausgeholt, das uns vom Wesentlichen ablenkt. An dieser Stelle würde ich Ihnen dazu raten, eine hilfreiche Strategie zu entwickeln und zu nutzen. Stellen Sie Ihr Handy doch einfach einmal lautlos oder schalten Sie es versuchsweise ganz aus!

Natürlich kann eine permanente Erschöpfung auch andere Ursachen haben, wie beispielsweise zu fettiges Essen, eine einseitige, unausgewogene Ernährung, schlechte Luft, eine unzureichende Flüssigkeitsaufnahme, zu wenig Bewegung, fehlende Pausen oder einen Vitaminmangel. Trotzdem sollten Sie alles, was nichts mit Ihrem Smartphone zu tun hat, Schritt für Schritt und ungestört erledigen und nicht versuchen, alle Aufgaben gleichzeitig zu bewältigen. Planen Sie hin und wieder eine „Smartphone-Diät" ein! Es wird Sie sicher überraschen, wie sehr Sie diese Maßnahme entlastet, was eine chronische Erschöpfung verhindert.

Um noch einmal auf das zurückzukommen, was ich Ihnen vorhin verraten habe: Ich bin in den 80er Jahren geboren, und die Menschen die vor mir geboren wurden, können nicht behaupten, dass alles früher viel besser war als in der heutigen Zeit. Ich spreche jetzt mit diesem Buch keine speziellen Jahrgänge an, sage es aber mal frei in eigenen Worten: Ich richte mich an alle aus der Zeit nach der „Smartphone-Revolution".

Wenn ich zum Beispiel einen Zehnjährigen mit dem neuesten Smartphone in der Hand sehe, erinnere ich mich an meine Jugendzeit.

Da gab es solche Geräte noch nicht - es sei denn, man hatte genug Geld für eine „Mobile Telefonzelle", wie ich es mal in meinen Worten ausdrücken möchte.

Wir haben in meiner Jugend Buden gebaut, auf der Straße herumgetobt, Versteckt gespielt oder mit Buntstiften gemalt. Ich möchte hier keinem raten, sofort das Handy aus der Hand zu legen, auf die Straße zu gehen und zu spielen.

Ich weiß es ja selber, dass die Jugend von heute zunehmend „digitaler" wird. Schon die Kinder wachsen damit auf. Das sehe ich auch bei meinen Kindern, die schon mit dem Tablet umgehen können.

Ich möchte zu diesem Thema nur gern sagen, dass es trotzdem noch andere und wesentlich sinnvollere Beschäftigungen im Leben gibt.

Und ich möchte mit meinem Buch andere Menschen dazu motivieren, sich in Zukunft besser mehr Zeit für Anderes und für wirklich Wichtiges zu nehmen.

Auf das Wort „Motivation" komme ich im 2. Kapitel noch einmal zurück.

Sich mehr Zeit für sich selber zu nehmen, um nach draußen zu gehen, sich mit anderen Menschen zu treffen, eine andere Stadt zu erkunden, Bekannte oder Verwandte zu besuchen, Sport zu treiben oder einem anderen Hobby nachzugehen - es gibt unendlich viele Ideen und Aktivitäten im Leben, die viel wichtiger und interessanter sind, als ständig auf dem Bildschirm hoch und herunter zu scrollen. Nehmen Sie sich die Zeit und machen Sie etwas Besonderes aus Ihrem Leben und verwirklichen Sie Ihre Träume oder die Wünsche, die Sie schon lange hatten und vielleicht als unerfüllbar betrachtet haben!

Ich wünsche Ihnen viel Spaß, Glück und Erfolg dabei, die wahre Welt wiederzuentdecken und Ihre Ziele zu erreichen!

Kapitel 2

MOTIVATION!

Achtung! Es kann auch nach hinten losgehen!

In diesem Kapitel erkläre ich Ihnen den Begriff „Motivation", indem ich ihn von allen Seiten gründlich durchleuchte. Jetzt fragen Sie sich vielleicht, warum ich für das 2. Kapitel ausgerechnet dieses Thema ausgewählt habe. In diesem Kapitel erläutere ich Ihnen, um was es sich bei der vielfach zitierten „Motivation" wirklich handelt.

Zunächst gilt es, den Begriff „Motivation" genauer einzugrenzen und zu definieren, um zu verstehen, was sich eigentlich hinter dieser komplexen Bezeichnung verbirgt. Hierfür beschäftigen wir uns mit dem Hintergrund dieses Wortes, das die meisten Menschen – vor allem am Arbeitsplatz - als positiv betrachten. Hier steht dieser Begriff für eine vorantreibende Kraft. Trotzdem wissen viele nicht wirklich, was es mit der Motivation tatsächlich auf sich hat.

Demzufolge verwenden sie das Wort „Motivation" im Laufe ihres Lebens oftmals in einem falschen Zusammenhang. Sobald Sie dieses Kapitel zu Ende gelesen haben, werden Sie diesen Begriff mit Sicherheit besser verstehen, um ihn auf dieser Grundlage in Zukunft richtig einsetzen zu können.

An dieser Stelle erzähle ich Ihnen am besten erst einmal eine kleine Geschichte, die natürlich frei erfunden ist und die etwas Lehrreiches beinhaltet. Vielleicht haben Sie diese Geschichte ja vorher selber schon gehört oder sie anderen erzählt.

Zwei große Firmen veranstalten jährlich einen Ruder-Wettkampf mit 8-tern mit einem Steuermann. Bisher hat die Firma XY den Wettkampf in jedem Jahr verloren, während die Firma YZ bis heute jedes Mal gewonnen hat. Aus diesem Grund beschloss die Geschäftsleitung der Firma XY, die Video-Aufzeichnungen des letzten Rennens zu analysieren. Dabei erkennt man im Boot der Firma YZ acht Ruderer und einen Steuermann, im Boot der Firma XY acht Steuermänner und einen Ruderer. „Was können wir bloß tun?", fragte der Geschäftsführer den Personalleiter. Seine Antwort lautete: „Motivieren! Wir müssen den Mann stärker motivieren".

Unabhängig davon, ob in Firmen oder im Privatleben, - ständig spricht man über die Motivation.

In Bezug auf die richtige Motivation suchen die Psychologen nach dem „Warum", während sich die Manager ausführlich mit dem „Wie" beschäftigen. Wie erzielt man die höhst Leistung seiner Mitarbeiter? Wie beugt man der „inneren Kündigung" vor?

Wie bringt man seine Beschäftige dazu, freiwillig noch mehr Stunden zu leisten? Diese und ähnliche Fragen werden täglich gestellt.

An diesem Punkt ist es wichtig, darüber nachzudenken, weshalb sich die Manager nicht damit beschäftigen, „wann" etwas passiert, sondern ausschließlich danach streben, „wie" sich die Verhaltensweise noch stärker beeinflussen lässt.

In unserer heutigen Gesellschaft versteht man unter der Motivation geeignete Maßnahmen, um einen Menschen durch einen gezielten Antrieb oder Ansporn und durch die geeigneten Anreize und Belohnungen dazu zu bringen, beispielsweise am Arbeitsplatz mehr Leistung zu erbringen.

Für diese systematische Steuerung verwendet man den Fachbegriff „Motivation". Bei der Motivation am Arbeitsplatz spricht man von „Antriebssystemen".

Das Ziel besteht darin, andere eine Motivation spüren zu lassen, die sie vorher noch nicht hatten, und sie dadurch dazu zu bringen, ihre Fähigkeiten zu erweitern, indem man sie auf die Bedeutung und auf die Wichtigkeit hinweist. Ihre Begeisterung entfacht man, indem man ihnen dafür verlockende Anreize bietet.

Dieser Begriff begegnet uns täglich nicht nur am Arbeitsplatz, sondern ebenso in unserem privaten Umfeld. Ich kann Ihnen mit einem einzigen Satz sagen, was man eigentlich genau unter der „Motivation" versteht. Das Wort bedeutet, schlicht und einfach ausgedrückt, dass man sich zu etwas „bewegen" lässt. So, jetzt ist es raus. „Warum hat er uns diese Antwort nicht gleich am Anfang gegeben?", denken Sie jetzt vielleicht. Reicht diese Antwort den tatsächlich aus, um dieses komplexe Thema zu erklären? Nein, das wohl kaum. Hier muss ich Sie leider enttäuschen. Es gibt nämlich einen guten Grund dafür, warum ich dem Begriff „ Motivation" ein gesamtes Kapitel gewidmet habe. Dahinter steckt noch unendlich viel mehr, als Ihnen mitzuteilen, dass es darum geht, etwas zu „bewegen".

Unter anderem gilt die Belohnung nach wie vor als eine erfolgversprechende Methode zur Motivation. Wenn es beispielsweise in einem Jahr auf eine Kneipen-Tour geht, muss es im nächsten Jahr schon einem Wochenend-Trip Richtung „Sonnigen Süden" sein.

Hier besteht der Zwang darin, den Anreiz von Jahr zu Jahr zu erhöhen, um überhaupt noch weitere Leistungssteigerungen der Mitarbeiter zu erzielen. Wer macht schon gern Rückschritte? Es scheint, als wäre man in einem Teufelskreis gefangen, in einer Zwangslage, aus der es kaum noch einen Ausweg gibt. Belohnungen steigern sich nicht nur. Zusätzlich werden sie immer stärker an die individuellen Bedürfnisse der Beschäftigten angepasst.

Ein Unternehmer hat mir einmal erzählt, dass er mit seinen Mitarbeitern bei schlechten Jahresbilanzen einen Wochenend-Ausflug in der kalten, winterlichen Jahreszeit unternimmt, während er sie bei positiven Ergebnissen für ein Wochenende in die sonnige Karibik einlädt. Dadurch verbessern sich die Verkaufszahlen im nächsten Jahr automatisch, weil sich die Mitarbeiter mehr anstrengen. Es ist zwar schade für die Mitarbeiter, dass sie nicht in die Karibik fliegen konnten, musste ehrlich gestehen, dass ich diese Geschichte sehr lustig fand, als ich sie gehört habe.

Bei dieser Art der Verlockungen, um die Beschäftigen zu begeistern, verringert sich der Anreiz in jedem neuen Jahr. Dadurch lässt die Leistung trotz der Belohnung zunehmend nach. Man sollte sich also fragen, wie lange die Motivation durch Belohnungen eigentlich wirkt und wie lange sie tatsächlich anhält. Um dies noch genauer definieren zu können, muss ich Ihnen noch eine kleine Geschichte erzählen.

Eine alte Frau wurde tagtäglich von den Nachbarskindern geärgert und verspottet. Eines Tages hat sie eine Idee. Die alte Frau bot den Kindern einen Euro an, wenn sie am nächsten Tag wiederkämen und ihre Beschimpfungen wiederholten. Natürlich kamen die Kinder sehr gern zurück, ärgerten sie und holten sich ihren Euro ab.

Und wieder gab die alte Frau den Kindern ein Versprechen. Wenn sie am folgenden Tag wiederkommen würden, würde sie jedem 50 Cent zahlen. Wieder kamen sie zu ihr und ärgerten die alte Frau gegen Bezahlung.

Als sie den Kindern anschließend animierte, ihr beim nächsten Mal für 20 Cent zu ärgern, lehnten die Kinder ihr Angebot ab. Für so wenig Geld wollten die Kinder sie nicht mehr beschimpfen und ärgern. Von diesem Moment an hatte die alte Frau endlich ihre Ruhe.

Diese beispielhafte Story zeigt, dass Belohnungen auf keinen Fall die beste Methode zur Motivation darstellen. Am Anfang waren die Kinder von selbst motiviert, die alte Frau zu ärgern. Später ärgerten sie nur noch, weil es eine Belohnung dafür gab. Dies entsprach einer gezielten Motivation von außen. Im Laufe der Zeit verringerten sich die Aufregung und die Spannung zunehmend, bis sie dadurch komplett verloren gingen.

Wenn man Kinder mit Belohnungen dazu bringt, bestimmte Aufgaben zu erfüllen, verlieren sie schnell das Interesse. Gleichzeitig werden sie unzufrieden, und mit der Zeit erbringen sie immer schlechtere Ergebnisse.

Der Grund hierfür besteht darin, dass die Kinder es unter diesen Umständen selber nicht mehr für sinnvoll halten, wenn eine Belohnung den wahren Sinn ersetzt. Bei uns Erwachsenen verhält es sich nicht wesentlich anders. In Unternehmen, die mit diesem System arbeiten, verwandeln wir uns in nach einer Belohnung süchtige Kinder, wenn es uns nicht mehr um die Tätigkeiten selber geht, sondern ausschließlich um die Belohnung.

Diese Arten der Motivation zerstören unsere eigene Motivation, die noch einen echten Sinn ergab.

Anders ausgedrückt könnte man sagen, dass es sich bei dieser Motivation um eine Krankheit handelt, die sich als Heilung ausgibt.

Dabei stumpfen die wesentlichen Charaktereigenschaften, wie zum Beispiel die Neugier, die Kreativität, der Ehrgeiz und die Leidenschaft, und unsere eigenständige Planung ab. All dieses Potenzial bleibt ungenutzt und auf der Strecke, was zu einem Mangel an Befriedigung, zu Depressionen oder zu frustrierender Langeweile führt.

Was kann man also tun, um zu verhindern, in ein derartiges „Loch" hineinzufallen?

Wie entkommt man diesem Teufelskreis?

Was sollte man unternehmen, damit die Mitmenschen in ihrem eigenen Lebensumfeld genau das tun, was man von ihnen verlangt, und damit sie höhere Leistungen erbringen?

Hierfür gibt es eine weitere Strategie zur Motivation - das Loben.

Das Loben zählt bei allen zu den bevorzugten, effektivsten Methoden. Vor allem, wenn ein Mensch sich unglücklich, unsicher oder deprimiert fühlt, ist dieses „Schwergewichts-Verb" für ihn lebensnotwendig. Wie man es so schön sagt, gehört es zu den Grundbedürfnissen, nach denen sich alle sehnen.

Schon bei einem Kind zeigt es sich, wie gut das Loben funktioniert. Wir loben unser Kind, wenn es sein Zimmer aufgeräumt hat oder wenn es selbständig zu Toilette geht. Dies funktioniert weltweit hervorragend.

Wie mein klassisches Beispiel am Arbeitsplatz es treffend beschreibt, benötigen auch wir Erwachsenen unsere „Kopf Streicheleinheiten" oder ein regelmäßiges „Schulterklopfen".

Die Sehnsucht nach Zuwendung tragen wir alle in uns. Nun wie „enttarnt" man den Begriff des Lobens, der eigentlich als absolut menschlich gilt?

Hier geht es um ein psychologisches Spiel mit zwei Seiten. Der sparsame Umgang mit der persönlichen Anerkennung wird oftmals künstlich begrenzt. In diesem Fall lässt es sich nicht umgehend erkennen, da es nicht sofort zu Tage tritt. Vor allem in Unternehmen nutzt man die Nähe und den Abstand zwischen den Führungskräften und ihren Mitarbeitern gern für eine Art der Manipulation, die deutlich messbar ist.

Ein Mensch, der sich nach einem Lob sehnt, versucht mit allen Mitteln und mit sämtlichen Tricks, sein Lob zu bekommen, damit er seine Befriedigung erhält. Wie geht man am besten mit Menschen um, die alles kritisieren und durchblicken?

Ganz einfach, man überschüttet sie mit Lob, damit sie anschließend sagen: „Es ist ja doch nicht alles so blöd, wie es aussieht".

Meiner Meinung nach befinden sich die Führungstechniken in der heutigen Zeit in einem gewaltigen Aufschwung.

Ganz ähnlich sieht es im Privatleben aus, genauer gesagt, in den „sozialen Netzwerken und Medien". Hier wird gelobt, was das Zeug hält, was unter Umständen und in bestimmten Situationen eher schadet, als es nutzt!

Die jeweilige Art und die Anzahl des Lobens spielen eine außerordentlich wichtige Rolle. Wenn man zu selten lobt, kommt es zu Beschwerden. Wenn man zu oft lobt, wird es bald nicht mehr wahrgenommen und es verliert an Bedeutung. Das folgenschwere Resultat besteht darin, dass man es nicht mehr ernst nimmt.

Sagen Sie beispielsweise Ihrem Liebsten jeden Tag: „Ich liebe dich".

Was passiert dadurch? Die Aussage verliert schnell ihre Wirkung und wird nicht mehr wirklich wahrgenommen. Es scheint, als ob man es nicht mehr ernst meint. Wenn man damit „spart", wird man von seinem Lebenspartner schnell als eine Art von „Geizhals" abgestempelt. Dieses Verhalten zeigt sich ebenso am Arbeitsplatz, natürlich ohne den Satz: „Ich liebe dich", wenn Ihr Chef nicht zufällig gleichzeitig Ihr Lebenspartner ist.

Man muss es also unbedingt im „Gleichgewicht" halten können und nicht zu viel und auch nicht zu wenig geben. In anderen Worten ausgedrückt: Sprechen Sie besser erst dann ein Lob aus, wenn Sie es auch wirklich und ehrlich so meinen!

Wollen Sie tatsächlich vom Lob abhängig sein? Möchten Sie sich pausenlos anstrengen, damit Sie Ihr Lob erhalten, zum Beispiel als Erwachsener in der Eltern – Kind-Beziehung? Ist es wirklich erforderlich, jederzeit das zu ergattern, was Sie suchen? Müssen Sie sich dauerhaft von anderen bestätigt fühlen oder finden Sie es nicht besser, sich ermutigt zu fühlen, statt sich vom Lob anderer abhängig zu machen, um jeden Tag aufs Neue das zu bekommen, was Sie selber nicht haben?

Wer in der ständigen Angst lebt, nicht gelobt zu werden, verliert am Ende immer, da sein Selbstwertgefühl darunter leidet, wenn man kein Lob erhält. Wenn diese Menschen weiterhin gelobt werden, verlieren sie zunehmend den Respekt für sich selbst, weil sie sich zu stark von anderen Menschen und von deren Urteil abhängig machen.

Hand aufs Herz, wollen Sie wirklich so sein? Also, ich glaube das wohl kaum.

Stärken Sie das Vertrauen in sich selber, das sogenannte „Selbstvertrauen"! Zu diesem Thema werden Sie im Kapitel 3 noch mehr erfahren.

Heißt das jetzt, wir sollten ab sofort am besten generell auf das Lob verzichten? In der Arbeitswelt erwarten die Beschäftigten das klassische Lob ihres Chefs als Beweis für die Qualität ihrer Arbeit und zusätzlich ein paar ermutigende Sätze, wie zum Beispiel: „Gut gemacht!" Ohne jeden Zweifel ist dies wesentlich besser, als überhaupt keine Reaktion von seinem Chef zu erhalten.

Die Voraussetzung dafür besteht darin, dass das Lob ehrlich gemeint und frei von zusätzlichen Gefühlen, Meinungen oder sonstigen Manipulationstaktiken bleibt.

Ich sage jedem gern: „Freuen Sie sich über den Erfolg Ihrer Mitmenschen!"

Absolute Klarheit sorgt dafür, Ihre Motivation zu stärken!

In diesem Kapitel habe ich nun bis hierhin die wichtigsten und allgemein bekannten Fakten zum Thema „Motivation" einschließlich der dazugehörigen Strategien, Begriffe und Techniken im Alltag erklärt, damit Sie sich im Klaren sind und es sich bewusst machen, wie man das Wort „Motivation" verwendet und wie man damit umgeht.

An dieser Stelle möchte ich Ihnen raten, sich noch bewusster mit dem Wort „Motivation" auseinanderzusetzen, während viele andere es nur unterbewusst wahrnehmen und es nicht einmal bemerken, dass man mit der geeigneten Motivation feststehende Ziele vor Augen hat und sich im Klaren ist, wohin der Weg führt.

Was motiviert Sie persönlich, um das Ziel zu erreichen, dass Sie sich vorgenommen haben?

Sind Sie sich wirklich im Klaren darüber, was Sie gerade genau tun, was Sie in Zukunft tun werden und was Sie tun möchten?

Nach dieser Fragestellung rate ich Ihnen, Ihre persönlichen Ziele klar zu formulieren.

Dabei möchte ich noch einmal betonen, dass es bei diesem Ziel um das persönliche, individuelle „_Ziel_" eines jeden Einzelnen geht, um seinen persönlichen Weg, um seine Vision oder um „seine Mission". Unabhängig davon, wie Sie es betrachten, ist es wesentlich, dass Sie bereit sind, zu handeln, um Ihre Ziele zu erreichen.

Wenn man seine persönlichen Ziele gar nicht genau kennt, dürfte die Umsetzung ziemlich schwierig oder sogar unmöglich werden.

Auf dieses Thema werde ich in einem anderen Kapitel dieses Buches noch einmal detaillierter eingehen.

Jetzt zurück zur Motivation!

Wäre es nicht schön, die Motivation selber beeinflussen zu können?

Mit dieser Fähigkeit wäre für Sie ausnahmslos alles möglich! Und das Beste daran: Sie können es tatsächlich lernen, wenn Ihr eigener Wille stark genug ist!

Lassen Sie mich zuvor noch einige grundlegende Anmerkungen und Betrachtungen zu den beiden hauptsächlichen Formen der Motivation einfügen, mit denen der eine oder andere höchstwahrscheinlich bereits vertraut ist.

Haben Sie schon einmal den Begriff „Fluchtmotivation" gehört?

Für diejenigen, die dieses Wort noch nicht kennen, erklären wir es am Beispiel von Angst oder Furcht. Diese Signale stehen für eine Veränderung und jedes Lebewesen auf dieser Welt kennt sie. Auch unsere frühesten Vorfahren haben schon Angst empfunden, wie beispielsweise vor Feuer oder vor gefährlichen Tieren. Fakt ist, dass jede Aktion zu einer Reaktion führt. In diesem Fall motivieren wir uns zur Flucht.

Die Fluchtmotivation liegt in unseren Genen und spielt sich im psychologischen Bereich ab. Zum Beispiel fangen die meisten Menschen erst ernsthaft an, abzunehmen und sich zu verändern, wenn ihr aktueller Zustand für sie unangenehm wird. Keiner beginnt mit einer Diät, wenn er schon schlank ist. Je unerträglicher das eigene Gewicht wird und je mehr Kleiderstücke plötzlich nicht mehr passen, desto stärker wird die Motivation, zu handeln, um abzunehmen.

Leider bringt dies gleichzeitig Nachteile mit sich, die man bedauerlicherweise zunächst nicht sofort bemerkt und die manchen erst zu spät bewusst werden. Durch die Fluchtmotivation entfernt sich jeder aufgrund seiner Erfahrungen und Erkenntnisse von der Situation, die er als unangenehm empfindet. „Aber wohin jetzt?", denkt man sich dabei.

Hier besteht die Gefahr, dass es am falschen Ziel zu noch unangenehmeren Erfahrungen und Erlebnissen kommt als zuvor. Ein Beispiel hierfür stellt die Flucht hin zu Drogen oder Alkohol dar.

„Nur schnell weg von diesem unerträglichen, schrecklichen, grauenvollen Alltag und von dem ganzen Stress!" Diesen und ähnliche Sätze hört man oftmals, wenn ein Mensch sein eigenes Leben als unangenehm empfindet. Zu viele lassen sich in dieser Situation mit Alkohol „volllaufen", um die Probleme „wegzuspülen".

Dabei beachten sie die wahren, sinnvollen Ziele gar nicht mehr. Durch die Fluchtmotivation ist zwar vorerst die Flucht gelungen, von einer Verbesserung kann hier allerdings absolut nicht die Rede sein!

Im Gegenteil! Hier flieht man stattdessen vor seinen Problemen, und sobald irgendein neues Problem auftaucht, heißt es erneut: „Bloß schnell weg von hier!"

Natürlich habe ich als Autor ganz bewusst ein bisschen übertrieben, wenn ich behaupte, dass man beim Auftreten von Problemen gleich zu Drogen oder zum Alkohol greift.

Nicht in jedem Fall stellen Drogen oder ein übermäßiger Alkoholkonsum die Gefahr dar, die manche Menschen als die „Lösung" ihrer Probleme betrachten. Ganz ähnlich verhält es sich mit der Spielsucht, dem Rauchen, ungesundem Essen, dem Verschieben unangenehmer Termine, der Faulheit und zahlreichen anderen schlechten Gewohnheiten. Zu viele glauben, es wäre die Hauptsache, dass man sich einreden kann, dadurch zu fliehen. Zum Glück gibt es unzählige andere Menschen, die sich gegen schlechte Gewohnheiten wehren und die sich bewusst sind, welche Konsequenzen es haben und welches Ausmaß es annehmen kann, sich für eine falsche Flucht zu entscheiden. Diese Menschen stellen sich ihren Problemen und finden demzufolge auch geeignete Lösungen. Dazu kommen wir später noch einmal ausführlicher.

Wie Sie, lieber Leser, es eben bemerkt haben, stellt die Fluchtmotivation eine spezielle Art der Motivation dar. Bei der Fluchtmotivation <u>bewegt</u> man sich, um zu fliehen.

Machen Sie besser einen Schnitt und ziehen Sie einen Schlussstrich unter Ihre schlechten Gewohnheiten! Verändern Sie das Negative in Ihrem Leben beziehungsweise an Ihrer Lebensweise und hören Sie auf, davonzulaufen!

Dies gilt zum Beispiel, wenn man seinen Job verloren hat, von seinem Lebenspartner verlassen wurde oder vielleicht mit seinem Leben nicht glücklich ist und in zahllosen anderen Situationen.

Hier hilft es Ihnen garantiert nicht weiter, den Kopf hängenzulassen und sich für die Fluchtmotivation zu entscheiden.

Natürlich möchte ich Ihnen jetzt nicht zum „Selbstmanagement" oder zu einem „Schritt-für-Schritt-Plan" raten und Sie glauben lassen, dass Sie „so" und ausschließlich „so" alles erreichen können. Dies wäre meiner Meinung nach vollkommen falsch und maßlos übertrieben. Die verallgemeinerten „vielversprechenden Systeme" helfen keinem in individuellen Notlagen. Trotzdem gibt es bestimmte Grundprinzipien, wie zum Beispiel das Selbstbewusstsein, die Disziplin, Werte und den Willen, die wir alle in uns tragen. Diese ermöglichen es uns, unser Leben zu verbessern und unsere Stärken zu nutzen.

Diesen Weg sollten Sie gezielt einschlagen, um gegen Ihre Probleme anzugehen und um Ihre Ziele zu erreichen. Inzwischen wissen Sie ja, dass Sie ansonsten nur flüchten. Davon rate ich Ihnen dringend ab.

Setzen Sie die Theorie in der Praxis um! Das heißt mit anderen Worten: Wenn Sie einen ausreichend starken Charakter besitzen, leistungswillig und selbstbewusst sind und noch weitere positive Eigenschaften haben und wenn Sie Ihre inneren Werte zu lieben und zu schätzten wissen, können Sie (theoretisch) direkt durchstarten und Ihre Erkenntnisse in der Praxis anwenden. Auch, wenn Sie eher charakterschwach sind, kann es Ihnen gelingen. Jeder Mensch hat in seinem Leben individuelle Vorlieben für „etwas" oder für „jemanden", was seinem Leben einen Sinn verleiht und ihn antreibt, auch dann weiterzumachen und nicht aufzugeben, wenn das Leben manchmal schwierig wird.

Wenn Sie in sich gehen und vielleicht meinen: „Ich kann zu anderen Menschen nur freundlich sein und mehr nicht, und der Rest meiner Persönlichkeit ist von schlechten Gewohnheiten bestimmt", liegen Sie falsch. Jeder Mensch kann sich ändern und viel mehr tun und erreichen, wenn man es nur wirklich will!

Der gedankliche Anstoß, um zum Beispiel die eigenen Ängste zu überwinden, stellt bereits den ersten wichtigen Schritt nach vorn dar. Wesentlich ist, dass Sie sich vorwärtsbewegen und dass Sie den Willen dafür haben.

Die Zielmotivation betrachten wir in diesem Kapitel als die zweite wesentliche Art der Motivation. Wie ich es Ihnen vorher schon beschrieben habe, geht es bei der Zielmotivation darum, die eigenen Ziele anzustreben und nach seinen persönlichen Wertvorstellungen zu leben oder seinen Träumen zu folgen, um sie wahr werden zu lassen.

Überhaupt kein Problem, wenn es nicht auf Anhieb klappt, Ihre persönlichen Vorhaben zu verwirklichen! Viel wichtiger sind die Bewegung und die gezielte Orientierung. Bei der Zielmotivation muss man sich zunächst darüber klarwerden, wohin die „Reise" gehen soll, um entsprechend vorausplanen zu können und sich einen sogenannten „Leitfaden" zu erarbeiten. Psychologisch betrachtet, erweist sich die Zielmotivation in der Regel als wesentlich erfolgreicher als die Fluchtmotivation.

In unserem „biologischen Mechanismus" steckt grundsätzlich die Fluchtmotivation, die bei jedem Menschen unterschiedlich ausgeprägt auftritt, bei dem einen stärker und bei dem anderen schwächer. Als Beispiele hierfür dienen Dieberei, Trauer, Mobbing und Phobien.

Die hauptsächlichen Nachteile der Zielmotivation stellen die fehlende Flexibilität und die Gebundenheit dar. Diese Hindernisse oder finanzielle Gründe führen dazu, dass viele das „Handtuch werfen", wobei sie ihr Ziel aus den Augen verlieren.

Hier sage ich, wenn bedeutende Entscheidungen zu treffen sind: „Kopf hoch! Im Leben gibt es keine Probleme, sondern ausschließlich Lösungen." Natürlich ist oft vieles „leichter gesagt, als getan". Hier hilft der Hinweis, dass man nicht generell den schwierigsten Weg wählen muss. Im Umkehrschluss führt nicht in jedem Fall der leichtere Weg schneller zum Ziel.

Manches erreicht man nun einmal nur mit viel Aufwand. Zum Beispiel muss man zunächst eine Ausbildung abschließen, um seinen Wunschberuf ausüben zu können. Dies braucht seine Zeit und lässt sich nicht von heute auf morgen erzwingen. Und als gelernte Fachkraft ist man später auch nicht dazu verpflichtet, sofort die schwierigsten Aufgaben und Herausforderungen zu bewältigen.

Machen Sie einfach einen Schritt nach dem anderen, um Ihr Ziel an jedem Tag ein Stückchen näher zu kommen! Dies bewährt sich beispielsweise, wenn Sie für einen tollen Urlaub sparen, wenn Sie gerade den Führerschein machen, wenn Sie sich in sportlicher Hinsicht verbessern wollen und in unzähligen anderen Situationen. „Es ist noch kein Meister vom Himmel gefallen. Übung macht den Meister", sagt man so schön, und haargenau so ist es auch. In diesen alten Sprichwörtern steckt eine Menge Wahrheit.

„Jeder große Turm auf dieser Welt fängt vom Boden aus an." Oder: „Alles hat irgendwann klein angefangen." Ich könnte den ganzen Tag lang solche Sätze aufschreiben, um Sie „spirituell auftanken" zu lassen. Nur leider bringt das alles nicht allzu viel, solange Sie nicht entsprechend handeln.

Als bestes Beispiel dafür habe ich ein Auto ausgewählt. Obwohl es vollgetankt ist, trauen Sie sich nicht, einzusteigen und loszufahren.

Denken Sie nicht lange darüber nach! Trauen Sie es sich zu, Ihre persönlichen Ziele zu erreichen! Nutzen Sie Ihre Motivation und bündeln Sie Ihre Energie! Geben Sie nicht zu schnell auf, wenn etwas nicht auf Anhieb gelingt, sondern machen Sie einfach weiter! Denken Sie immer daran, dass es für jedes Problem eine Lösung gibt! Suchen Sie danach, wenn Sie nicht mehr weiterwissen! „Die Welt ist ein offenes Buch."

Damit komme ich allmählich zum Ende meines zweiten Kapitels. Gern möchte ich Ihnen für Ihren Weg zum Ziel noch einige Hintergrundinformationen zum typisch menschlichen Verhalten liefern, damit Sie wissen, wie man am besten damit umgeht beziehungsweise wie man es hinter sich lässt. Mit diesem Thema werden wir uns im Kapitel 3 noch ausführlicher beschäftigen.

Finden Sie Ihr Ziel! Halten Sie durch und bleiben Sie diszipliniert und so gut, wie Sie können, am Ball! Werfen Sie nicht sofort das Handtuch, wenn einmal etwas nicht klappt!

Erinnern Sie sich immer wieder daran, wohin Sie Ihr Weg führen soll und welche Richtung Sie einschlagen wollen! Wenn Sie dies nicht tun, wird es Ihnen wahrscheinlich sehr schwerfallen, Ihre Ziele erfolgreich durchzusetzen.

Tun Sie sich selber einen Gefallen - nicht mir, Ihrer Mutter oder Ihrem Vater oder irgendjemand anderem auf dieser Welt! Tun Sie es für sich selber und wagen Sie den ersten Schritt auf Ihrem Weg zum Ziel!

Völlig unabhängig davon, was andere vielleicht über Sie denken, machen sie weiter! Glauben Sie an das, was Sie tun, und bewahren Sie sich Ihre Motivation! Der Stress kann Ihnen ja mittlerweile auch schon den „Buckel herunterrutschen".

In den folgenden Kapiteln finden Sie noch mehr grundlegende Informationen, die Ihnen hoffentlich helfen werden, für Ihren Alltag und für sämtliche Situationen in Ihrem Leben immer besser gerüstet zu sein.

Es gibt unendlich viele verschiedene Gefühle, Blickwinkel, Gedanken und Einstellungen, die man mit anderen Menschen teilt oder selber fühlt. Diese ermöglichen es uns, einander besser verstehen zu können und positiver miteinander umzugehen. Dies und noch vieles mehr lesen Sie in den nächsten Kapiteln.

An dieser Stelle wünsche ich Ihnen schon einmal alles Gute und viel Erfolg!

Kapitel 3

DENKWEISE!

Besser denken und Schlechtes hinter sich lassen!

In diesem Kapitel werde ich über die Art und Weise des Denkens schreiben und darauf eingehen, wie die typische und allgemein übliche Denkweise der Menschen auf dieser Welt aussieht.

Ob es dabei um das Thema Geld, um Neid, um Vorurteile oder um Schuldgefühle geht, spielt im Grunde keine Rolle. In jeder Hinsicht und bei jedem Thema besteht grundsätzlich die Möglichkeit, sich bessere und sinnvollere Gedanken zu machen, als es die meisten anderem Menschen in dem jeweiligen Zusammenhang tun würden.

Dies gilt vollkommen unabhängig davon, wo Sie persönlich stehen und welche Position Sie in Ihrem Privatleben, in der Schule, bei Ihrer Arbeit oder politisch einnehmen, ob Sie arm oder reich sind und ob Ihr Verhalten eher positiv oder negativ einzuschätzen ist. In diesem Kapitel geht es vor allem darum, Denkfehler zu vermeiden und die eigene Denkweise zu verändern, wodurch Sie Ihre innere Einstellung ganz bewusst verbessern können.

In unserem Leben werden wir fortlaufend mit Situationen konfrontiert, die von Gefühlen, Meinungen, Bewertungen, Irrtümern oder Argumenten geprägt sind.

Jeder Mensch hat seine eigenen, individuellen Gefühle und Gedanken, was ebenso auf diejenigen zutrifft, die ihre Gefühle nicht zeigen und die sie vor anderen Menschen verbergen möchten. Manche tun sogar so, als ob sie überhaupt keine Gefühle hätten. Trotzdem sind unsere Gefühle ein wesentlicher Bestandteil unserer Persönlichkeit. Dies gilt auch für diejenigen, die eher sparsam mit ihren eigenen Gefühlen umgehen.

Jeder Mensch sieht die Welt gern so, wie er sie sich wünscht und wie er sie betrachten möchte. Wenn man Tag für Tag schlechte Nachrichten hört, sich die Meldungen der Medien anschaut und sich sozusagen damit „füttern" lässt, wird man dadurch zwangsläufig emotional und seelisch heruntergezogen. Oftmals führt dies zu einem wahren Teufelskreis, da die „Brille", durch die man die Welt betrachtet, darüber entscheidet, was man wahrnimmt und was man ignoriert. Leider übt die persönliche Sichtweise jedes einzelnen Menschen einen starken Einfluss auf sein Urteilsvermögen aus.

Zum Glück ist aber nicht jeder davon betroffen, worauf ich an einer anderen Stelle später noch einmal zurückkommen werde.

Wenn man ständig nur negative Nachrichten aufnimmt, obwohl man gesund ist und draußen die Sonne scheint, wird man dauerhaft schlecht gelaunt bleiben und schon bald anfangen, sich darüber zu beklagen und zu jammern, wie schrecklich das Leben doch ist. Im schlimmsten Fall führt dies zu Depressionen. Ein gutes Beispiel für diese Tatsache ist ein Test, bei dem man mehreren Probanden zehn einfache Mathematikaufgaben vorgelegt hat, die sie überprüfen sollten.

Dabei ging es um Aufgaben, wie zum Beispiel 1+1, 2+2, 3+3 usw.

Bei der letzten Aufgabe stand 9+2=12. Allen ist dieser Fehler sofort aufgefallen, den sie dementsprechend auch als falsches Ergebnis gekennzeichnet haben. Anschließend sagte jeder, dass eine Aufgabe falsch war, aber keiner wies darauf hin, dass neun Aufgaben richtig waren.

Mit jeder weiteren negativen Wahrnehmung vernebelt man sich die „Brille", durch die man die Welt betrachtet, mehr und mehr, bis das eigene Sichtfeld so sehr verschmutzt ist, das es bereits an die Umweltverschmutzung erinnert, und umso misstrauischer wird man. Im Laufe der Zeit kann man es sich regelrecht antrainieren, ununterbrochen darüber zu klagen und zu jammern, sich permanent Sorgen zu machen, Mitleid zu erwecken und unglücklich zu sein.

Und wohin führt das alles? Vielleicht kennen Sie die Antwort ja schon. Ganz genau, nämlich dazu, dass man vor den Problemen flüchtet und sie so weit wie nur möglich verdrängt. Damit kommt man im Leben aber keinen einzigen Schritt weiter.

Wenn man nicht bemerkt, was die negativen Botschaften in uns auslösen, hilft es auch nichts, das Negative durch positives Denken zu überspielen, also sozusagen „den ganzen Mist mit leckerer Schokoglasur zu bedecken".

Wesentlich hilfreicher ist es, die positiven Ereignisse in den Vordergrund zu stellen und die innere Quelle zu reinigen.

Sobald Sie innerlich stärker werden und Ihre Charaktereigenschaften verbessern, können Sie sich gegen Ihre schlechten Gewohnheiten und gegen alle negativen Momente rüsten und sich dadurch letztendlich den Problemen stellen, um sie zu lösen.

Gleichzeitig eignen Sie sich dabei positive Eigenschaften an, wie beispielsweise mehr Selbstvertrauen und Selbstsicherheit, Gelassenheit und die Bereitschaft, die Verantwortung für Ihr eigenes Denken und Handeln zu übernehmen.

Im Laufe meines Lebens mache ich mir ständig Gedanken über jede Situation, jeden Moment, jeden Konflikt und jede Krise und über die daraus resultierenden Kompromisse und Entscheidungen. Unabhängig davon, womit ich konfrontiert werde, denke ich darüber nach, was geschehen wird, was geschehen könnte und was auf mich zukommt.

Hätte, hätte, hätte – Fahrradkette. Wahrscheinlich kennen Sie diesen Spruch oder ähnliche Redewendungen, wie zum Beispiel: WENN das Wörtchen WENN nicht wäre, wäre mein Vater ein Millionär. Anstatt mir ununterbrochen Sorgen zu machen und über alles zu jammern, nutze ich meine Fantasie dazu, die Gedanken in meinem Kopf vor meinem inneren Auge wie eine Art Spielfilm, Szene für Szene, ablaufen zu lassen. Der hauptsächliche Grund hierfür ist meine Neugier. Die Ereignisse in meinem Leben möchte ich dazu nutzen, wertvolle Erfahrungen zu sammeln.

Deshalb stelle ich mir selbst „Was-wäre-wenn-Fragen", um mir Gedanken darüber zu machen, wie ich mich in bestimmten Situationen fühlen würde.

Trotzdem zerbreche ich mir über die verschiedenen Szenarien in meinen Gedanken nicht zu sehr den Kopf. Wenn ich das nämlich tun würde, hätte ich schon längst graue Haare oder im schlimmsten Fall vielleicht gar keine Haare mehr.

Auf meinem bisherigen Lebensweg konnte ich auf diese Art und Weise in den unterschiedlichsten Situationen bereits unzählige wertvolle Erfahrungen sammeln.

Von dieser Stelle an werde ich für die einzelnen, denkbaren Szenarien nur noch den Begriff „Situation" verwenden und es dabei belassen, um das Ganze verständlicher zu machen. Meine Erfahrungen verdanke ich dem, was ich selbst erlebt habe, aber auch dem, was ich meinen Gesprächen mit anderen Menschen entnehme. Ganz besonders hellhörig werde ich immer dann, wenn andere Menschen von den Fehlern erzählen, die sie bereits gemacht haben, und was sie meinen, allein durch das aufmerksame Zuhören könnte ich mir auf meinem weiteren Lebensweg so manchen Fehler ersparen.

Wie sich andere Menschen in bestimmten Situationen verhalten, hat mich immer schon interessiert. Dabei fühle ich mich fast wie ein Psychologe, der das Verhalten anderer Menschen beobachtet und analysiert. Ich möchte wissen, wie andere in ihrem Leben denken und handeln, und aus dem Verhalten, den Taten und den Reaktionen anderer Menschen lerne ich, um selbst zusätzliche Erfahrungen zu sammeln.

Das Wissen, das ich mir durch andere Menschen angeeignet habe, konnte ich bereits in zahlreichen Situationen für mich selbst nutzen, indem ich das für mich persönlich Wichtige herausfiltere und darüber nachdenke, wann und wofür ich dieses Wissen am besten nutzen und einsetzen kann.

Ich möchte eben einfach besser denken können.

Dadurch kann ich mir viele Denkfehler, die andere Menschen gemacht haben, ersparen, anstatt sie zu wiederholen. Wie sagt man noch so schön? „Wenn ein Mensch aus dem 10. Stockwerk springt, muss man nicht gleich hinterher springen." Denselben Fehler zu vermeiden, ist hier eindeutig die bessere Alternative.

Ganz genau so, wie man sich im Römischen Reich und in anderen bedeutenden Weltreichen, die wir aus den Geschichtsbüchern kennen, und in sämtlichen Ländern und Kulturen das bereits vorhandene Wissen angeeignet hat, um das Beste und Wertvollste davon zu nutzen und um das eigene Leben zu verbessern, mache ich es eben – natürlich rein theoretisch betrachtet – auch.

Um noch mehr über das menschliche Verhalten zu erfahren, habe ich Seminare besucht, Kurse belegt und Bücher gelesen, die mir dabei helfen, meinen Wissensdurst zu stillen.

Selbst verständlich machte ich selbst auch Fehler und auch mir passieren Missgeschicke, was die altbekannten Weisheiten bestätigt, wie beispielsweise: „Ich wäre kein Mensch, wenn ich noch nie einen Fehler gemacht hätte", oder: „Ich bin ein Mensch. Also mache ich auch Fehler." Was man immer so gern sagt, stimmt eben haargenau: Kein Mensch ist perfekt und er wird es auch nie werden.

Ich bin mir sicher, dass jeder schon einmal die oben genannten oder ganz ähnliche Sätze gehört hat und mir in diesem Punkt zustimmt.

Jetzt erzähle ich Ihnen eine persönliche Geschichte aus meinem Leben, die Ihnen ja vielleicht sogar bekannt vorkommen und Sie an Ihre eigenen Erfahrungen oder an Erzählungen aus Ihrem Bekanntenkreis erinnern wird.

Nahezu jeder kennt und verfolgt die aktuellen Mode-Trends und den sogenannten neusten Schrei. Bekanntlich kommen und gehen alle diese Trends früher oder später.

Ich selbst war noch nie wirklich ein Fan der aktuellen Trends der Modehersteller und ich habe nie den Drang verspürt, diese aus reiner Neugier oder zum Sammeln von Informationen unbedingt verfolgen zu müssen.

Nun war aber in meinen jungen Jahren, genau genommen während meiner Schulzeit, gerade diese tollen Schuhe mit hohen Absätzen der letzte Schrei, wobei ich jetzt natürlich nicht von High Heels spreche.

Ausnahmslos jeder in meiner Schule trug diese neuen Schuhe mit den tollen, hohen Absätzen. Unabhängig vom einzelnen Modell und von der jeweiligen Farbe, schienen auf einmal alle Mädchen und Jungen solche Schuhe zu besitzen. Offensichtlich war in unserer Schule oder, besser gesagt, überall in der Stadt das Schuh-Fieber der hohen Absätze ausgebrochen. Es verbreitete sich wie ein Lauffeuer und alle mussten diese Schuhe haben.

Nur einer hatte sie nicht — und das war ich.

Deshalb wurde ich schnell als „out" abgestempelt oder als ein Außenseiter dargestellt. Ununterbrochen konfrontierte man mich mit diesen Schuhen und damit, wie toll diese Schuhe doch wären. Keiner meiner Freunde und Schulkameraden konnte verstehen, warum ich sie nicht auch trug. Also beschloss ich ein paar Monate später, genau genommen in der Weihnachtszeit, mir nun doch solche Schuhe mit hohen Absätzen zu kaufen. Mit meiner Mutter ging ich in ein Schuhgeschäft, wo ich mir von dem Geld, das ich zu Weihnachten geschenkt bekommen hatte, ein Paar dieser Schuhe kaufte. Als ich meine neuen Schuhe in der Hand hielt, war ich zunächst total erleichtert.

Innerlich sagte ich zu mir selber: „Jetzt hast du endlich auch welche und du gehörst zu den Coolen in der Schule." Nachdem aber kaum ein ganzer Tag vergangen war, gefielen sie mir plötzlich nicht mehr und ich erkannte, dass ich mit ihnen nicht mehr ich selbst war.

45

In meinem Kopf überschlugen sich die Gedanken, bis ich nicht einmal mehr für einen kurzen Augenblick wusste, was ich denn jetzt mit diesen Schuhen anfangen sollte und warum ich sie überhaupt gekauft hatte. Später versuchte ich, mich wieder zu sammeln und darüber nachzudenken, warum ich diese Entscheidung getroffen hatte und was ich aus Situationen wie dieser lernen könnte. Ziemlich schnell wurde es mir bewusst, dass ich in diesem Fall ein Mitläufer war, der einem blöden Trend nur hinterherlief, um anderen zu gefallen. Im Grunde gefiel mir dieser Trend nämlich überhaupt nicht. Diesem Trend gefolgt zu sein, damit mich die anderen in meiner Schule für cool halten sollten und damit ich endlich mitreden konnte, habe ich zu diesem Zeitpunkt bereits zutiefst bereut.

Dadurch war ich nämlich nicht mehr ich selbst, weil ich mir selbst leider nicht treu geblieben war. Nur um cool zu sein und mit den anderen Kids mithalten zu können, hatte ich stattdessen mein Geld aus dem Fenster geworfen. Gleich am nächsten Tag zog ich wieder meine Sneaker an, die mir wirklich gefielen und in denen ich mich wohlgefühlt habe. Von da an war es mir scheißegal, was die anderen über mich denken und was sie von mir halten würden. Endlich war ich wieder ganz ich selbst und nicht nur irgendein Mitläufer.

Letztendlich ist diese Geschichte für mich sehr lehrreich gewesen. Ich habe mein Lehrgeld bezahlt und bin durch meine falsche Entscheidung in Bezug auf diese Schuhe ein bisschen klüger geworden. Dieser Denkfehler lehrte mich, in Zukunft keinem Trend mehr zu folgen, sondern den Mut aufzubringen, gegen den Strom zu schwimmen. Gleichzeitig festigte diese Erfahrung meinen Charakter und ich fühlte mich auf Anhieb wesentlich selbstbewusster, weil es mir von diesem Zeitpunkt an klar wurde, was für ein Mensch ich in Wirklichkeit bin und was ich tatsächlich will. Seitdem kaufe ich mir nur noch das, was mir gefällt. Es muss einzig und allein mich persönlich ansprechen und mich überzeugen, wobei die Meinung der anderen nicht die geringste Rolle spielt.

Seit diesem Erlebnis ist es mir egal, welche neuen Trends gerade auf den Markt kommen, und ich trage nur noch das, was mir gefällt.

Dabei gibt es nur zwei Möglichkeiten: Man akzeptiert mich so, wie ich bin, oder man lässt mich einfach in Ruhe.

Nachdem ich mir darüber klar geworden war und anschließend dieses teure Lehrgeld bezahlt hatte, habe ich absolut nichts verloren, sondern sogar etwas dazugewonnen. In jedem Fall werde ich denselben Fehler nie wieder machen. Zusätzlich begriff ich, wie wichtig es ist, ab und zu Fehler zu machen.

Sie gehören nun einmal zu unserem Leben dazu und aus unseren Fehlern können wir sehr viel lernen.

„Lerne aus Deinen Fehlern, aber wiederhole sie nicht!", lautet deshalb mein Ratschlag für Sie und für alle anderen.

Ähnliche Fehler, die ich selbst für absolut blöd halte, möchte ich mir in Zukunft jedenfalls besser ersparen.

Im Laufe der Zeit habe ich gelernt, meine Denkfehler und deren Muster frühzeitig genug zu erkennen, um sie erfolgreich abwehren und souverän umgehen zu können, bevor sie ernsthaften Schaden anrichten.

Von Jahr zu Jahr verstehe ich das menschliche Verhalten immer besser. Wenn andere Menschen unvernünftig handeln, wehre ich mich nun schon seit Langem innerlich dagegen. Das ist aber noch nicht alles. Selbstverständlich bringe ich meine innere Abwehr auch in deutlichen Worten zum Ausdruck. Dabei hilft mir meine Schlagfertigkeit. Bei der Schlagfertigkeit handelt es sich um ein sehr komplexes Thema, das in Bezug auf unsere Kommunikation unzählige weitere Unterkategorien beinhaltet. Obwohl dies nicht das hauptsächliche Thema dieses Buches ist, werde ich an dieser Stelle einige nützliche Techniken zum Thema Offenherzigkeit und Schlagfertigkeit ansprechen.

Was wir als Schlagfertigkeit bezeichnen, ist nichts anderes als ein sprachliches Werkzeug, mit dem wir uns gegen verbale Angriffe zur Wehr setzen. Als schlagfertig gilt ein Mensch, der dazu in der Lage ist, augenblicklich auf jeden „blöden" Kommentar und auf jede ironische oder sarkastische Beleidigung zu reagieren, und der mit seinen Entgegnungen über die anderen triumphiert. Wer schlagfertig ist, hat dadurch einen großen Vorteil und er lässt sich nichts mehr vormachen.

Diese Fähigkeit hilft uns dabei, bei unfairen Angriffen, wie zum Beispiel bei Bemerkungen, die unter die „Gürtellinie" gehen, sofort zurückzuschlagen, peinliche Situationen zu meistern und Konflikte zu entschärfen.

Dabei auch noch witzig zu sein, zählt zu den besten und effektivsten Methoden, die in diesem Zusammenhang enorm viel bewirken können. Schlagfertig zu sein, bedeutet aber nicht nur, dass man witzige Sprüche zur Verteidigung gegen „dumme" Sprüche einsetzt. Gleichzeitig geht es darum, die eigene Souveränität zu bewahren, unabhängiger zu werden und, anstatt die Opferrolle anzunehmen, am Ende als der Stärkere hervorzugehen. Kurz gesagt, schützt und bewahrt man auf diese Art und Weise seine persönliche Würde.

Deshalb kann ich Ihnen nur dazu raten, Ihre sprachlichen Fähigkeiten weiterzuentwickeln, um beispielsweise umgehend die entsprechenden Gegenfragen stellen zu können.

„Pfff... Schau dich doch mal an, wie du aussiehst!" Auf diese dumme Bemerkung könnten Sie zum Beispiel so reagieren: „Willst du mal einen guten Witz sehen? Dann sieh doch einfach einmal in den Spiegel!"

Jeder Mensch hat seine persönlichen Stärken, aber auch seine Schwächen. Um diese zu entdecken, muss man nur tief genug graben.

Jeder Mensch hat das Recht, fairer und besser behandelt zu werden. Das ist einer der Gründe dafür, dass ich mich in diesem Kapitel auch mit dem Thema Schlagfertigkeit beschäftige. Ihre Schlagfertigkeit kann Ihnen nämlich dazu verhelfen, in Zukunft fairer und besser behandelt zu werden.

Souverän zu sein, hat mehrere Bedeutungen. Wenn man souverän auftritt, ist man selbstständiger, selbstbewusster und selbstsicherer und man besitzt die Fähigkeit zur Selbsterkenntnis. Dadurch bleibt man auch in schwierigen Situationen "cool". Man lässt sich von anderen Menschen nicht mehr so schnell nervös machen und man bleibt stattdessen ruhig und gelassen.

Verlieren Sie bloß nicht die Beherrschung, behalten Sie immer schön die „Nerven" und bleiben Sie Herr der Lage! In jeder Situation überlegen und sich selbst treu zu bleiben, spiegelt eine außerordentlich hilfreiche Einstellung und Denkweise wider.

Jetzt möchte ich Ihnen noch ein paar Tipps und Beispiele mit auf den Weg geben, mit denen Sie vielleicht direkt damit beginnen können, Ihren Wortschatz zu verbessern. Die entsprechende Schlagfertigkeit kann man nämlich erlernen. Bis man sie entsprechend entwickelt hat, braucht man aber sehr viel Übung.

Dies erweist sich nicht nur für Verkaufsstrategien als ungemein nützlich. Schüchternen Menschen hilft die Schlagfertigkeit unter anderem auch dabei, ihre sprachlichen Fähigkeiten weiterzuentwickeln und berufliche Erfolge zu erzielen.

Die richtige Technik, die passende Strategie und das hierfür erforderliche Training bilden die Grundvoraussetzungen für eine beeindruckende Schlagfertigkeit. Nehmen wir doch einfach einmal an, dass jemand einen „doofen" Spruch über Ihre Haare macht, der so ähnlich klingt, wie beispielsweise: „Wann warst du denn zum letzten Mal beim Frisör?" „Warum willst du das denn wissen? Schuldest du ihm etwa noch Geld?", könnte hier Ihre Gegenfrage lauten. Wenn noch andere Personen dabei sind, die laut darüber lachen, haben Sie die Lacher im Nu auf Ihrer Seite. Das Lachen verbindet die Menschen und Sie bleiben auch weiterhin souverän. Mit solchen dummen Fragen möchte man Sie doch nur auf die „Palme" bringen. Aber nicht mit Ihnen!

„Du bist für mich das Allerletzte." - „Ach ja? Danke! Bekanntlich kommt das Beste immer zum Schluss."

Wenn Sie bei dieser passenden Erwiderung auch noch lächeln, nehmen Sie dem anderen im Handumdrehen den Wind aus den Segeln. Anders ausgedrückt, entschärfen Sie die Aussage des anderen, indem Sie diese Aussage nicht ernst nehmen.

Eine weitere Strategie, die augenblicklich für Verwirrung sorgt, spiegelt sich in dem folgenden Szenario wider: „Boah, ich finde dich voll peinlich." „Du kannst mich auch in den sozialen Netzwerken finden."

Wenn Ihr Gesprächspartner frech wird und Sätze von sich gibt, wie zum Beispiel: „Das geht bei mir in das eine Ohr hinein und aus dem anderen Ohr wieder heraus", könnte Ihre Antwort lauten: „Schon klar. Damit es im Kopf bleiben kann, müsste dazwischen ja auch ein Gehirn sein."

Eine weitere Option zur Verteidigung gegen ungerechtfertigte Meinungsäußerungen hört sich beispielsweise so an: „Ach, du hast doch keine Ahnung."

49

Falls Ihnen in diesem Moment nicht sofort eine passende Entgegnung einfällt, sollten Sie immer einen allgemeingültigen Satz parat haben, wie zum Beispiel: „Das ist deine Meinung. Ich denke aber ganz anders darüber." Oder: „Ääähh, bist du jetzt endlich fertig oder kommt gleich noch etwas Dummes?" Oder: „Fühlst du dich denn jetzt wenigstens besser? Bist du jetzt endlich zufrieden?" Mit diesen und ähnlichen Sätzen kommen Sie nie ins Stocken und Sie sind immer dazu in der Lage, sofort etwas zu entgegnen.

Wesentlich schlimmer wird es, wenn Ihr Gesprächspartner damit beginnt, andere Menschen hinterhältig zu verspotten und über sie zu lästern. Ich kann es absolut nicht ertragen, wenn man schlecht über eine Person spricht, die sich gerade nicht im selben Raum befindet.

Ich selbst muss ehrlich zugeben, dass ich grundsätzlich sehr direkt auftrete und demjenigen, dem seine „Nase" mir nicht gefällt, viel lieber die Wahrheit ins Gesicht sage, anstatt hinter seinem Rücken über ihn zu reden. Weil es so leicht und unfair zugleich ist, verbreitet sich dieses Lästern hinter dem Rücken leider immer mehr. Manchmal kann uns der kleinste „billige" Kommentar innerlich zur „Weißglut" bringen. Wie geht man dagegen vor?

In diesem Fall gibt es mehrere verschiedene Möglichkeiten, sich dagegen zu wehren.

Ignorieren Sie den dummen Kommentar doch ganz einfach und lassen Sie ihn an sich abprallen! Wie die Wassertropfen von Ihrem Körper abperlen, so sollten auch die „doofen" Kommentare an Ihnen abperlen.

Alternativ können Sie das Ganze ironisch betrachten und so tun, als ob die Bemerkung ein Scherz gewesen wäre. Deshalb fühlen Sie sich gar nicht angesprochen oder Sie nehmen die Bemerkung als ein Kompliment auf.

Oder fordern Sie die andere Person dazu auf, derartige Kommentare zu unterlassen!

Tun Sie sich selber einen Gefallen und nehmen Sie das „Gesagte" nicht zu ernst und wichtig! Begegnen Sie Ihrem Gegenüber mit ironischer Gelassenheit!

Legen Sie nicht immer gleich jedes Wort auf die „Goldwaage"! Oder spielen Sie auf dem gleichen Niveau mit und passen Sie Ihre Gestik und Ihre Mimik entsprechend an!

Im Grunde bedeutet der Begriff Ironie nichts anderes, als etwas zu sagen, aber etwas ganz anderes damit zu meinen. Diese Methode nutzt man sehr gern für sarkastische Bemerkungen und für Übertreibungen. Hierbei spielt es aber eine Rolle, wie gut Sie Ihr Gesprächspartner kennt. Die Kunst besteht nämlich darin, die Ironie entsprechend verständlich zu machen.

Ich kann es nicht oft genug betonen: Lachen Sie einfach über das, was andere über Sie sagen! Damit erzielen Sie auf einen Schlag mehrere Ergebnisse. Diese Reaktion verringert die Hemmschwelle, sie signalisiert, dass Sie es nicht ernst nehmen, und sie entkräftet die Aussage.

Unangenehmer wird es, wenn man selbst einen Fehler gemacht oder irgendeinen Blödsinn angestellt hat. Wenn es daraufhin „Sprüche" hagelt, hilft es nicht viel, mit lockeren Sprüchen zu kontern, das Ganze herunterzuspielen und weiterhin gute Laune zu demonstrieren. Das soll aber auch nicht heißen, dass man sich in dem Fall fertigmachen lassen muss. Dazu hat Ihr Gegenüber nämlich auch dann kein Recht!

Wenn Sie ein anderer Mensch fertigmachen will, ersparen Sie sich besser die ironischen Kommentare, weil Sie meinen, diese Person irgendwie überbieten zu müssen. Mit einer ironischen Antwort würden Sie sich an dieser Stelle auf das Spiel einlassen und die Sichtweise Ihres Gegenübers akzeptieren, aber genau das möchten Sie ja vermeiden. Deshalb rate ich Ihnen auch nicht dazu, sich für den „netten Kommentar" zu bedanken.

Auf gar keinem Fall!!! Betteln Sie bloß nicht um Mitleid und spielen Sie nicht den Beleidigten! Damit würden Sie es nur herausfordern, noch mehr gedemütigt zu werden. Lassen Sie sich nicht in diese Ecke drängen!

Nehmen Sie stattdessen Ihren gesamten Mut zusammen und sagen Sie lieber: „Ich möchte, dass du damit aufhörst." Oder: „Solange du in diesem Ton mit mir sprichst, werde ich dir nicht mehr länger zuhören." Oder: „Ich will, dass du das sein lässt." Diese und ähnliche Sätze helfen immer. Geben Sie ruhig zu, dass Sie Mist gebaut oder Blödsinn angestellt haben!

Machen Sie es Ihrem Gegenüber klar, dass Sie sich seine Kritik zu dem betreffenden Sachverhalt anhören werden, damit Sie verhindern können, denselben Fehler noch einmal zu wiederholen!

Sachliche Kritik sollte man nämlich nie falsch verstehen. Sie dient dazu, gemeinsam herauszufinden, was man beim nächsten Mal besser machen könnte. Bei sarkastischen Bemerkungen verhält es sich dagegen ganz anders. Sarkasmus hat absolut nichts mit konstruktiver Kritik gemeinsam. Während der Sarkasmus darauf abzielt, einen anderen Menschen zu verletzen, ist dies bei ehrlicher Kritik nie der Fall.

Mit diesem Wissen fühle ich mich gut gerüstet. Wenn mir etwas nicht gelingt, suche ich nach geeigneten Lösungen. Und wenn meine Fähigkeiten zur Kommunikation nicht mehr ausreichen, übe und trainierte ich die entsprechenden Sätze erst einmal ganz allein vor dem Spiegel in meinem Badezimmer zum Beispiel. Um noch schlagfertiger zu werden, lese ich Bücher zu dem jeweiligen Thema oder ich höre mir Hörbücher darüber an. Weil ich weiß, dass mir dies dabei hilft, auf die dummen Sprüche anderer Menschen mir gegenüber im Nu mit der passenden Erwiderung reagieren zu können, fühle ich mich danach jedes Mal schon wesentlich besser und selbstsicherer. Hierfür ist aber tägliches Üben erforderlich und ich kann Ihnen nur dazu raten, es einfach einmal auszuprobieren. Vielleicht hört sich das jetzt etwas seltsam oder sogar gewagt an, aber suchen Sie sich als Ihren „Sparringspartner" am besten jemanden aus, den Sie als einen Rivalen betrachten oder den Sie nicht besonders gut leiden können! Und gehen Sie mit Ihr oder mit Ihm in den „Theoretischen Boxringkampf" Wenn Sie mit Ihren Freunden üben, werden Ihnen diese in den meisten Fällen nur zeigen, wo Ihre Stärken liegen, und das hilft Ihnen nicht wirklich weiter. Ihre Feinde weisen Sie stattdessen auf Ihre Schwächen hin. Dadurch eignen Sie sich beim Trainieren Ihrer Schlagfertigkeit ein wesentlich besseres Rüstzeug an. Gleichzeitig macht Sie das selbstbewusster. Wenn Sie erst einmal dazu in der Lage sind, die passenden Sprüche ganz locker aus der Hüfte zu schießen, können Sie in jeder Situation erhobenen Hauptes durch die Welt gehen.

Tag für Tag und Jahr für Jahr trainiere ich meine Schlagfertigkeit. Dafür suche ich mir sogar geeignete Sparringspartner aus, ohne dass es ihnen bewusst ist, wofür ich sie nutze. Sobald mich andere Menschen mit skurrilen Kommentaren konfrontieren, schießen die passenden Worte und Sätze mittlerweile wie Kanonenkugeln aus meinem Mund heraus. Selbstverständlich achte ich dabei grundsätzlich darauf, dass ich andere nicht beleidige oder verletze.

Es ist mir wichtig, anderen Menschen gegenüber stets fair zu bleiben und ihnen mit unseren Wortgefechten nicht zu schaden.

Trotzdem zeigte ich ihnen klar und deutlich, dass sie mit ihren negativen Ansichten bei mir an den Falschen geraten sind.

Vergessen Sie bitte nicht, liebe Leser, dass sich die Menschen, die anderen mit Worten Schaden zufügen wollen, zunächst immer einen Menschen aussuchen, der sich leicht mobben lässt. Sobald man ihnen aber die Stirn bietet, werden es sich diese Menschen lieber zweimal überlegen, ob sie sich tatsächlich mit Ihnen anlegen möchten.

Vielleicht fragen Sie sich ja jetzt, warum ich mir dessen so sicher bin. Die Erklärung dafür ist ganz einfach und ich möchte sie hier durch ein Beispiel verdeutlichen.

Nehmen wir doch einfach einmal an, Sie wären gerade an Ihrem Arbeitsplatz und Sie würden gemeinsam mit mehreren Kollegen an einem Meeting teilnehmen. Auf einmal haben Sie Lust dazu, auf Kosten eines anderen Kollegen einen Witz über ihn zu erzählen. In diesem Fall stellt man sich für einen kurzen Moment zuerst einmal die Frage, wen man am besten dafür auswählen könnte. Wer eignet sich Ihrer Ansicht nach besser dafür? Der Kollege, der ständig wie ein Mauerblümchen zusammenzuckt und der mit krummem Rücken auf seinem Stuhl sitzt, oder der Kollege mit erhobenem Kopf und einer geraden Haltung?

Mit hoher Wahrscheinlichkeit würden die meisten von Ihnen natürlich den ersten Kandidaten aufs Korn nehmen. Warum? Weil er oder sie wie ein Mauerblümchen wirkt und weil er oder sie sich bestimmt nicht mit Worten gegen Sie wehren wird. Die erstgenannte Person signalisiert nämlich bereits durch ihre Körperhaltung, wie schwach sie ist.

Im Gegensatz dazu symbolisiert die zweite Person mit ihrer geraden Sitzhaltung und mit ihrem erhobenen Kopf ihre Stärke.

Bedauerlicherweise liegt es nun einmal in unseren Genen, dass sich der Mensch am liebsten an den Schwächeren vergreift. Keiner legt sich gern mit Stärkeren an, weil man sich bereits im Vorfeld darüber klar ist, dass man bei einer Auseinandersetzung mit dieser Person höchstwahrscheinlich den Kürzeren ziehen wird. Wer will denn schon gern verlieren?

Gerüchte, Vorwürfe, Beleidigungen oder die Vorurteile beim (Cyber-)Mobbing haben alle eines gemeinsam: In Wahrheit geht es gar nicht um das Opfer, sondern viel mehr um die Person, die diese Angriffe ausübt. Meiner Meinung nach hat sie nämlich selbst ein wesentlich größeres Problem, wofür es zahlreiche verschiedene Gründe geben kann, wie zum Beispiel puren Neid, ihre unsympathische Ausstrahlung, ihr Aussehen, ihre Einstellung, ihr Verhalten oder bestimmte Vorurteile. Manchmal treffen auch mehrere Gründe gleichzeitig zu. Wie dem auch sei, es besteht immer die Möglichkeit, sich dagegen zu wehren und dementsprechend zu kontern.

Beispielsweise kann man die Gerüchte ignorieren, die betreffende Person um ein Gespräch unter vier Augen bitten oder sie einfach dazu aufzufordern, dieses Verhalten zukünftig zu unterlassen, weil man es nicht länger dulden wird. Hierbei erweist es sich als außerordentlich hilfreich, schlagfertig zu sein.

Grundsätzlich sollten Sie in einer derartigen Situation einen kühlen Kopf bewahren und nie in einen Schockzustand verfallen oder ins Stottern geraten. Legen Sie sich für jede mögliche Situation die passenden Sätze parat, mit denen Sie am besten reagieren können!

Als nächstes möchte ich Ihnen, aber noch weitere Denkmuster, Verhaltensweisen und Denkfehler vorstellen, bei denen es sich um völlig irres Zeug handelt und die es absolut nicht wert sind, sich darüber Gedanken zu machen oder dafür kostbare Energie zu verschwenden.

Zu Hause, in der Stadt, beim Spazierengehen und an unzähligen anderen Orten gibt man tagtäglich Bewertungen ab – und das zum Teil sogar im Sekundentakt.

Dabei spielt es keine Rolle, wo wir uns in diesem Moment gerade befinden. Fortlaufend wird geurteilt, verurteilt, bewertet oder entwertet.

Trauriger weise fällen manchmal sogar Menschen ein Urteil über mich, die mich überhaupt nicht wirklich kennen. Vielleicht hat der eine oder andere von Ihnen dieses Gefühl ja auch schon erlebt.

Der Drang danach, Dinge und Personen zu bewerten und zu beurteilen, ist tief in unseren menschlichen Genen verankert. Ständig prüfen wir in unseren Gedanken die unterschiedlichsten Dinge, um anschließend so etwas wie Schulnoten vergeben zu können.

Finden wir den Gegenstand unserer Überprüfung gut, sehr gut, mangelhaft oder ausreichend? Halten wir den Daumen hoch oder nach unten oder verteilen wir einfach eine bestimmte Anzahl von Sternchen oder Punkten?

Unabhängig davon, wie ein Mensch seine Bewertungen zum Ausdruck bringt, tickt es ununterbrochen in unseren Köpfen. Fortlaufend kommunizieren wir mit anderen Menschen darüber und auch die anderen geben ihre Kommentare ab, was wir oftmals gar nicht bemerken und bewusst wahrnehmen.

Wie kann es uns gelingen, aus diesem System der Urteile und der Bewertungen auszusteigen und einfach nur noch frei zu denken, ohne jede Situation immer gleich sofort bewerten zu müssen?

Hierzu sage ich Ihnen erst einmal ganz ehrlich, dass es nicht auf Anhieb funktionieren wird. Dafür braucht man nämlich sehr viel Übung. Leider lässt sich eine Veränderung unserer Denkweise nicht von heute auf morgen erzwingen. Die Fähigkeit dazu muss man sich Tag für Tag selbst aneignen, um den „automatischen Bewertungen" ein Ende zu setzen.

Auch hierzu möchte ich ein Beispiel aufführen. Nehmen wir doch einmal an, Sie gehen zusammen mit zwei guten Freunden am Strand spazieren.

Dabei beobachten Sie einen Seeadler, der einen Fisch aus dem Wasser fängt. Ihr erster Freund sagt: „Boah, was für ein böser Vogel!" Der zweite Freund meint hingegen: „Oh, der arme Fisch!", während Sie selbst schweigen und sich das Ganze nur anschauen, ohne darüber zu urteilen, ob Sie Ihre Beobachtung als gut oder böse, als positiv oder als negativ empfinden.

Den Verlauf eines Ereignisses von Anfang an neutral zu betrachten, ist gar nicht so einfach. Die meisten Menschen würden nämlich auf Anhieb einen Kommentar abgeben, wie zum Beispiel: „Böser Vogel!", oder: „Armer Fisch!" Hinzu kommen dann noch die jeweiligen Emotionen, wie beispielsweise Verärgerung, Faszination, Zorn, Mitgefühl oder Freude.

Sehen Sie, eine bestimmte Situation zunächst grundsätzlich aus einer neutralen Perspektive heraus zu betrachten! Ohne Ihre Vorurteile sehen Sie nichts anderes als einen Adler, der einen Fisch fängt und der mit ihm davonfliegt. Punkt. Aus. Ende.

Die Gefühle, die man in diesem Moment hat und die unsere Bewertungen beeinflussen, dürfen dabei keine Rolle spielen.

Demzufolge besteht die Kunst darin, seine eigenen Gefühle mit Neugier und Interesse zu analysieren. Aha, wenn ich einen Adler sehe, der einen Fisch fängt, erweckt dieser Anblick in mir beispielsweise – Mitgefühl für den Fisch oder Freude für den Adler.

Ganz realistisch betrachtet, ist es nun einmal ein Naturgesetz, dass der Stärkere den Schwächeren auffrisst.

Wie ich es vorher bereits erwähnt hatte, ist es alles andere als einfach, das Bewertungssystem zu vermeiden.

Denken Sie doch bitte einmal ganz in Ruhe über Ihre Wahrnehmung, über Ihr Bewusstsein und über Ihre Gefühle nach!

Auch ich werde immer wieder auf die Probe gestellt und falle im ersten Moment manchmal auf diese Bewertungssysteme herein, wie man in eine Grube hineinfällt. Trotzdem lasse ich mich letztendlich nicht mehr darauf ein, weil ich meine „automatischen Urteile" erkenne, bevor ich sie aussprechen kann. Dies erweist sich als außerordentlich hilfreich und unterstützt mich dabei, Vorurteile und voreilige Entscheidungen zu vermeiden.

Diejenigen, die zum Beispiel auf unterschiedliche Art und Weise Geld anlegen, könnten sich die damit verbundenen Risiken und die unnötigen Kopfschmerzen ebenso gut ersparen. Einen Menschen zu beurteilen, ohne die Gründe für sein Verhalten zu kennen, kann sehr verletzend sein und zu schmerzhaften Missverständnissen führen.

Völlig zu Recht sagt man: „Eine Medaille hat immer zwei Seiten."

Demzufolge lohnt es sich, nicht immer nur die eine Seite der Medaille zu betrachten, sondern sich auch die andere Seite anzuschauen. Dies ermöglicht es uns, ein wesentlich gerechteres und ausgewogeneres Urteil zu fällen und auch in schwierigen Situationen bessere Entscheidungen zu treffen.

Anders ausgedrückt, sollte man alles erst einmal aus einem anderen Blickwinkel heraus betrachten, bevor man ein vorschnelles Urteil ausspricht.

Selbstverständlich hat jeder Mensch seine eigenen Vorstellungen und Werte.

Diese sollte man auch nicht auf Anhieb aufgeben oder komplett verdrängen. Ich selbst bin nach wie vor ein hilfsbereiter Mensch. Wenn ich zum Beispiel in der Stadt einen Mann sehen würde, der einer alten Dame gerade die Handtasche klaut, würde ich höchstwahrscheinlich eingreifen.

Hierbei stellt sich natürlich die Frage, warum der Mann der alten Dame eigentlich die Handtasche stehlen wollte. Dies wird später das Gericht beurteilen. Wesentlich wichtiger sind die Gefühle, die man in diesem Augenblick empfindet. Ist man sauer auf den Mann? Hat man Mitleid mit der alten Dame? Handelt es sich tatsächlich um einen bösen Mann und um eine arme, alte Frau?

Diese Situation würde es enorm entschärfen, wenn man die genaueren Hintergründe für das Verhalten des Mannes kennen würde. Warum hat er das getan? Und wieso schleppt sie so viel Bargeld mit sich herum? Vielleicht hat der Mann ja die Handtasche gestohlen, weil er Geld für seine kranke Mutter brauchte, damit er die teuren Medikamente bezahlen kann, die sie so dringend braucht? Unter Affären ist die alte Dame ja durch die Erpressung ihres Nachbarn zu so viel Geld gekommen?

Unabhängig davon, wie es sich genau verhält, sollte man andere Menschen nie vorschnell verurteilen, solange man die wahren Gründe für ihr Verhalten nicht kennt. In diesem Zusammenhang kann ich Ihnen nur dazu raten, sich mit Ihren Urteilen zukünftig besser zurückzuhalten.

„Wer bin ich, dass ich über andere richte?", lautet ein weiser Spruch.

Diese Frage sollte man sich jedes Mal stellen, wenn man gerade dabei ist, ein Urteil über einen anderen Menschen zu fällen oder bestimmte Situationen zu bewerten. Jeder Mensch sollte sich zuerst einmal an seine eigene Nase fassen, bevor er andere verurteilt.

Jeder sollte grundsätzlich erst einmal schön „vor seiner eigenen Haustür kehren".

„Wer selbst im Glashaus sitzt, sollte nicht mit Steinen werfen!"

Neidisch zu werden oder zu wirken, ist in diesem Zusammenhang ein weiteres wichtiges Thema.

Oftmals treibt uns der Neid auf andere Menschen dazu, ein negatives Urteil über sie zu fällen, wie beispielsweise, wenn jemand eine außergewöhnlich teure Uhr trägt oder wenn eine Nachbarin auf einmal ein schickes, neues Auto fährt.

Sobald man spürt, dass der Neid in einem aufsteigt, besteht die Gefahr, vorschnell ein „automatisches Urteil" zu fällen.

„Schau dir doch mal seine Uhr an! Die hat er bestimmt aus einem Laden gestohlen."

„Ach, das Auto hat sie garantiert nicht selbst bezahlt. Wahrscheinlich hat sie es von ihrem neuen Liebhaber."

Derartige Sprüche über andere Menschen zu äußern, denen man etwas nicht gönnt, ist absolut unfair und verletzend.

Vielleicht hat der junge Mann die Uhr ja von seinem verstorbenen Vater geerbt und jetzt trägt er sie zum Andenken an seinen Vater? Oder die Nachbarin hat bei ihrer Arbeit unzählige Überstunden gemacht, jeden Cent gespart und in ihrem Leben auf vieles verzichtet, damit sie sich endlich ihr eigenes Auto leisten konnte, um sich ihren Traum zu erfüllen?

In unserem Leben gibt es unendlich viele Momente, in denen man den Hintergrund eines bestimmten Ereignisses beim besten Willen nicht kennen kann. Trotzdem bewerten wir munter drauf los und fällen damit mit hoher Wahrscheinlichkeit unfaire, ungerechte und verletzende Urteile über andere Menschen.

Wenn ich über den Neid spreche, stelle ich mir ein Feuer vor, das in unserem Inneren ausbricht. Neidisch auf andere Menschen zu sein, betrachte ich als das dümmste aller Gefühle, die wir anderen Menschen gegenüber empfinden. Warum ich das so sehe, werde ich Ihnen im Folgenden gern erklären.

Neidisch auf andere zu sein, ist einfach nur dumm und unsinnig. Sobald man dieses Gefühl für einen kurzen Moment spürt, lässt es sich in unserem Gehirn aber glücklicherweise wesentlich leichter abschalten als andere Emotionen, wie zum Beispiel Trauer, Ängste oder Zorn.

„Wie macht er das bloß? Wie hat er oder sie das geschafft?" Diese Fragen hört man immer wieder.

Warum interessieren Sie sich eigentlich so sehr für andere Menschen? Welche Rolle spielt es für Sie persönlich, ob diese Menschen mehr Geld verdienen als Sie, ob sie ein besseres Auto fahren oder ob sie vielleicht eine Schönheitsoperation durchführen lassen? Durch das außerordentlich negative Gefühl, neidisch zu sein, kann man keine Freude empfinden. Ganz im Gegenteil! Man verursacht nur unnötige Kopfschmerzen und man zerbricht sich grundlos den Kopf darüber, welchen Reichtum, welche Talente oder welche Macht andere Menschen besitzen. Warum sollte man sich so etwas eigentlich selber antun?

Auf der anderen Seite finde ich es manchmal sehr lustig, andere dabei zu beobachten, wie sie sich mit anderen Menschen vergleichen und wie sie sich darüber ärgern. Dies gilt vor allem, wenn es um die Macht und den Status geht.

Wenn Ihr Nachbar ein schickeres Auto fährt als Sie oder wenn eine Freundin eine Schönheitsoperation vornehmen lässt, bedeutet das doch noch lange nicht, dass Ihnen selbst etwas entgeht. Ganz im Gegenteil! Freuen Sie sich doch einfach mit den anderen mit und gönnen Sie es ihnen!

Möchten Sie es vielleicht erleben, dass Ihr Auto auf einmal platt gestochene Reifen hat, weil Ihr Nachbar beinahe vor Neid platzt, - so, wie Sie an Ihrem Neid beinahe erstickt wären?

Die Geschichte der Menschheit beweist klar und deutlich, dass der Ursprung allen Übels nahezu unvorstellbar weit in der Vergangenheit liegt. Vor ewigen Zeiten waren unsere Vorfahren auch schon neidisch auf andere Menschen.

Bis zu einem gewissen Grad motiviert der Neid die Menschen nämlich dazu, etwas zu unternehmen beziehungsweise zu handeln, damit sie beispielsweise auch mehr Geld verdienen, ein schickeres Auto fahren oder sich einen Luxus-Urlaub gönnen können.

Hier spreche ich von dem „gesundem Neid", bei dem man den anderen das gönnt, was sie haben, während man es selbst auch gern haben möchte. Zum Glück trifft dies in den meisten Fällen zu. Daraus entsteht der Anreiz und der Ansporn, die eigenen Ziele und Träume zu verwirklichen.

Leider gibt es aber auch den „krankhaften Neid", bei dem man niemandem etwas gönnt. Dieser wird Sie niemals weiterbringen. Ganz im Gegenteil! Mit dieser Art des Neides schaden Sie sich grundsätzlich nur selber.

In unserer heutigen Zeit brauchen wir diesen Neid gar nicht mehr. Er war niemals wirklich sinnvoll und erforderlich und er wird es auch nie sein. Hier freut sich am Ende nur der Teufel, der dabei auf Ihrer Nase herumtanzt. Neidisch auf andere zu sein, gehört schlicht und einfach zu den schlimmsten Denkfehlern, die es auf dieser Welt jemals gegeben hat.

Tun Sie sich selbst einen Gefallen und schalten sie diese dumme Emotion ab!

Ausschließlich auf einen einzigen Menschen dürfen Sie neidisch sein – und dieser Mensch sind Sie selber.

Bei all Ihren Plänen und Vorhaben sollten Sie sich vor Augen führen, was Ihr zukünftiges Ich bereits alles besitzt und erreicht hat. Sehnen sie sich besser danach und nicht nach dem Hab und Gut anderer Menschen!

Weil es so wichtig ist, wiederhole ich es noch einmal. Freuen Sie sich für andere Menschen und gönnen Sie es denjenigen, die ihre Ziele und Träume bereits verwirklicht haben!

Ich zum Beispiel freue mich immer wieder darüber, dass Bekannte und Verwandte aus meinem unmittelbaren Umfeld Ingenieure, Ärzte oder Kfz-Mechaniker geworden sind. Warum ich das tue? Auch diese Frage lässt sich leicht beantworten.

Diese Menschen können mir mit Rat und Tat zur Seite stehen, mich unterstützen und mir helfen.

Ist es nicht wesentlich angenehmer, die Dinge aus diesem Blickwinkel heraus zu betrachten, anstatt sich innerlich von dem „krankhaften Neid" zerfressen zu lassen?

Seien Sie stets auf der Hut, wenn es um Irrtümer oder um irgendwelche kuriosen Illusionen geht! Wenn Sie zum Beispiel sehen, dass in den Medien ständig darüber berichtet wird, dass mehr und mehr Superstars oder Schönheitsköniginnen gekrönt werden, sollten Sie diese Situation besser erst einmal genauer unter die Lupe nehmen. Bleiben sie dem gegenüber skeptisch und fragen Sie sich, wie es sich in der Realität tatsächlich verhält! Lassen Sie sich nicht von übertriebenen Nachrichten etwas einreden und hinterfragen Sie zunächst einmal die Fakten, bevor Sie sich zum Handeln entschließen!

Nehmen wir einfach einmal an, Sie möchten morgen ein Unternehmen gründen oder ein Künstler werden. In diesem Fall machen Sie es sich besser vorher bewusst, mit welchen Konsequenzen Sie zu rechnen haben! Niemand wird von heute auf morgen ein Superstar.

Ich selbst gehöre keinesfalls zu den Menschen, die gern die Träume der anderen zerstören, indem sie den Luftballon zum Platzen bringen. Sie müssen aber gute Gründe haben, erst einmal ernsthaft darüber nachdenken und sich darüber im Klaren sein, welchen Weg und welche Ziele Sie eigentlich verfolgen und erreichen möchten.

Alles hat einmal klein angefangen. Bei der Errichtung jedes einzelnen Turmes und Gebäudes auf dieser Welt beginnt man mit dem ersten Stein, bevor das Bauwerk nach und nach wächst.

Anders sieht es nur dann aus, wenn Sie das Kind eines Superstars oder eines weltweit bekannten Künstlers sind und sozusagen mit einem golden Löffel im Mund geboren wurden.

In diesem Fall wird Ihre Karriere natürlich mit allen erdenklichen Mitteln ordentlich hochgepuscht. Leben diese Menschen aber wirklich in einer anderen Welt? Stellen Sie sich doch einfach einmal die Frage, wie viele Kinder von Stars schon so erfolgreich geworden sind wie ihre Eltern!

Ich will jetzt nicht alle aufzählen, aber es gibt ausreichend viele Berichte darüber, dass auch die Kinder von Stars ganz normale Jobs ausüben oder einen völlig anderen Weg eingeschlagen haben als ihre Eltern.

Wie hoch ist denn nun eigentlich die Wahrscheinlichkeit, dass Sie Ihre Ziele erreichen, und wie stehen Ihre Chancen im Vergleich mit dem Kind eines bekannten Künstlers?

Bei Ihnen dürfte der Erfolg eines Geldgewinnspiels gleichkommen, während die Chancen des Kindes von einem Superstar wesentlich vielversprechender wären. Natürlich möchte ich damit nicht sagen, dass Sie Ihre Ziele nicht trotzdem verfolgen sollten. In jedem Fall können Sie es trotzdem schaffen, wenn Sie es wirklich wollen.

Bedauerlicherweise sind wir Menschen darauf ausgerichtet, Erfolge wesentlich schneller und deutlicher wahrzunehmen als Misserfolge. Unter anderem liegt dies daran, dass wir uns viel mehr dafür interessieren, Erfolgsgeschichten zu hören und zu sehen.

Ohne den geringsten Zweifel gibt es Menschen mit außergewöhnlichen Begabungen und Talenten, die sich von denen der anderen abheben. Manche haben beispielsweise eine tolle Stimme, weshalb sie wunderschön singen können, oder sie verfügen über andere herausragende Fähigkeiten. Diejenigen, auf die dies zutrifft, sollten gut darauf achten, nicht überheblich zu werden, nur weil sie etwas besser können als andere. Man muss sich nicht augenblicklich bei einer Talent-Show anmelden, wenn in den Nachrichten behauptet wird, dass es immer mehr „neu geborene Sterne" gibt. Schaffen Sie sich Ihre eigene Messlatte und setzen Sie Ihre Erwartungen am Anfang besser nicht zu hoch an, damit Sie später nicht zu tief fallen!

Den Wahrheitsgehalt des altbekannten Sprichworts: „Hochmut kommt vor dem Fall", unterschätzen auch heute noch viel zu viele Menschen.

Erkennen Sie unglaubwürdige Meldungen und vor allem die unrealistischen Äußerungen von anderen besser frühzeitig!

Mein Tipp für Sie lautet, dass Sie sich besser nicht immer nur auf Erfolgsgeschichten konzentrieren, sondern sich auch die Erfahrungsberichte über Misserfolge anhören sollten. Achten Sie auch auf die Geschichten, wie sich zum Beispiel ein Star in den Ruin getrieben hat, wie das Show-Business mit diesem Star umgegangen ist oder wie Unternehmen Bankrott gegangen sind!

Manchmal führt leider kein Weg daran vorbei, auch einmal eine bittere Pille zu schlucken, wenn man dadurch die Wahrheit erkennt.

Auch in dieser Situation empfiehlt es sich, die andere Seite der Medaille nicht zu ignorieren.

Wenn ich aus all meinen Ratschlägen aus diesem Kapitel nur einen auswählen könnte, um Ihnen diesen Rat besonders ans Herz zu legen, würde ich mich für das Thema – Legitimität entscheiden.

Bei der Legitimität handelt es sich um die „Waagschale" aller persönlichen Einstellungen. Durch sie können wir auf der Grundlage des aufmerksamen Zuhörens bessere Entscheidungen treffen.

Dank der Legitimität fällen wir unser Urteil in den verschiedensten Situationen nicht zu vorschnell und sie hilft uns zu erkennen, was richtig und was falsch ist. Dadurch können wir uns wesentlich mehr Klarheit verschaffen. Natürlich lässt es sich auch anders ausdrücken. Wenn eine Person über eine starke Autorität verfügt, hängt der Erfolg dieser Person von ihrem eigenen Verhalten ab. Hier spricht man auch vom „Prinzip der Legitimität".

Die Legitimität erfordert drei grundlegende Voraussetzungen:

1. Die Menschen, die sich in einer Position befinden, in der sie Autorität ausüben, müssen den anderen Menschen das Gefühl geben, dass sie auch eine Stimme haben und dass diese Stimme gehört wird.

2. Regeln legt man auf der Grundlage fest, dass das, was gestern galt, auch morgen noch gültig sein wird.

3. Man muss sämtlichen Parteien gegenüber gerecht sein, alle Menschen gleich behandeln und keine Unterschiede machen.

Als Beispiele hierfür möchte ich das Verhältnis zwischen Eltern und ihren Kindern, zwischen Lehrern und ihren Schülern und zwischen Vorgesetzten und ihren Mitarbeitern erwähnen.

Wenn Ihr Sohn seine Schwester ärgert und Sie ihn dazu auffordern, damit aufzuhören, muss das Gleiche auch für die Schwester gelten, sobald sie ihren Bruder ärgert. Bei keinem von beiden darf man ein Auge zudrücken und man darf niemals eines der Kinder bevorzugen, da dies dem anderen gegenüber ungerecht wäre. Sollte eines der Kinder nicht schuld daran sein, hat das Kind das Recht, sich dazu zu äußern, und Sie müssen zuhören, was es zu sagen hat.

Die Legitimität kann ein wunderbares Werkzeug sein, wenn man sie richtig einsetzt, aber kein Mensch wird mit dieser Fähigkeit geboren. Deshalb muss man diese Fähigkeit erst einmal erlernen und sie sich aneignen.

Jeder Mensch auf dieser Welt hat seine eigenen, persönlichen Meinungen und Ansichten, was sich vor allem dann deutlich zeigt, wenn wir mit anderen Menschen kommunizieren. Dabei werden die unterschiedlichen Einstellungen, Ansichten und Meinungen und oftmals auch die individuellen Erfahrungen schnell deutlich spürbar.

Jeder Mensch hat das Recht, seine Meinung zu äußern und sich die Meinung anderer anzuhören, seine Meinung mit anderen zu teilen und mit ihnen Erfahrungen auszutauschen. Dies steht völlig außer Frage.

Wenn Sie meinen Rat zu diesem Thema hören möchten, würde ich Ihnen empfehlen, hauptsächlich bei Diskussionen noch aufmerksamer zuzuhören, wenn andere ihre Meinung äußern.

Es lohnt sich in jedem Fall, gut aufzupassen und sich darauf zu konzentrieren, was ein anderer Mensch von sich gibt, was er sagt, wie er es sagt und was er damit bezwecken will. Hören Sie immer gut zu, wenn andere etwas von sich selbst preisgeben!

Nehmen wir einmal an, ich würde behaupten: „Der Himmel ist blau." In diesem Fall spiegelt dieser Satz meine persönliche Meinung wider, die ich auch dann vertreten würde, wenn eine andere Person entgegnet: „Nein, in Wahrheit ist der Himmel grün." Nun haben Sie die beiden Seiten der Medaille gehört, sich aber selbst noch kein Urteil gebildet.

In dieser Situation stellt sich die Frage, wer denn nun wirklich Recht hat. Was trifft zu und was stimmt nicht? An dieser Stelle ist Ihr eigenes Wissen gefragt, das es Ihnen ermöglicht, die beiden unterschiedlichen Meinungen zu hinterfragen und sie theoretisch auf die Waagschale zu legen.

Hier habe ich ganz bewusst ein sehr einfaches Beispiel verwendet. Alle normal tickenden Menschen wie Sie und ich wissen natürlich, dass der Himmel blau ist. Einige Meinungen sind nun einmal absolut überzeugend und längst fest verankert, wodurch sie eine gewisse Stabilität erzeugen.

Ein weiteres Beispiel dafür wäre die Tatsache, dass sich die Erde um die Sonne dreht. Die Meinungen zu unzähligen anderen Themen können dagegen ziemlich stark voneinander abweichen und erfordern es, mit starken Argumenten bewiesen zu werden.

Als ein klassisches Beispiel hierfür fällt mir eine Prognose ein, durch die einer oder mehrere Aktien-Kurse vorausgesagt werden sollen. Wenn jemand behauptet, dass die US-Aktien schon sehr bald durch die Decke schießen werden, halte ich diese Meinung für sehr gewagt und für übertrieben. Selbstverständlich ist dies nur meine persönliche Meinung.

Für eine verlässliche Aussage zu einem dermaßen schwierigen und komplexen Thema benötigt man ein grundlegendes Wissen, das man sich durch umfassende Recherchen und durch eine tiefgehende Überprüfung der wirtschaftlichen Lage, der aktuellen politischen Verhältnisse und der derzeitigen Zustände in dem betreffenden Land zunächst erst einmal aneignen muss.

Mit Sicherheit gehört noch reichlich mehr dazu, das man besser wissen sollte, bevor man sich traut, zu einem derartig komplexen Thema eine Meinung zu äußern. Sonst geht das Ganze nämlich blitzschnell nach hinten los.

Zusätzlich fügt man der Aussage noch starke Argumente hinzu, wie zum Beispiel: „Auf jedes Tief folgt wieder ein Hoch", oder man zählt Unmengen von Fakten und Statistiken auf, die diese Aussage bestätigen, damit sie überzeugender wirkt.

Bei dem Spruch: „So billig wie heute war diese Aktie vorher noch nie", sollten Sie besser sofort den Kopf schütteln und mit einem klaren: „Nein!", antworten. Eine Aktie ist nämlich so, wie sie ist, - unabhängig davon, wie teuer oder wie billig sie momentan gerade auch sein mag. Wesentlich wichtiger ist es, ob der Kurs der Aktie zukünftig steigen oder fallen wird.

Stellen Sie sich Meinungen einfach als eine Art „Tisch ohne Beine" vor!

Sobald Meinungen vertreten werden, wollen sie auch sofort unterstützt und bestätigt werden, was man weltweit tagtäglich beobachten kann.

Dabei denke ich zum Beispiel an Menschen, die gerade irgendwo vor einem großen Publikum eine Rede halten und die ihre Worte mit schlagkräftigen Argumenten untermauern möchten, um ihre Zuhörer zu überzeugen und um ihr Vertrauen zu gewinnen.

Auf diese Weise werden die Meinungen und die Ansichten anderer Menschen unterstützt und gestärkt, denn je mehr Beine ein Tisch hat, desto stabiler ist er!

Natürlich muss man nicht gleich eine Rede halten, um seine Meinung zu vertreten. Gegenüber unserer Familie, unseren Freunden, unseren Arbeitskollegen und unseren Bekannten vertreten auch wir regelmäßig unsere Meinung und unsere Ansichten.

Als ein Beispiel hierfür verwende ich die Meinung, dass man Kindern unter 14 Jahren die Nutzung von Smartphones verbieten sollte, weil diese Geräte sie davon abhalten, sich in der Schule auf den Unterricht zu konzentrieren. Mit dieser Aussage könnte man durchaus bei anderen Menschen „punkten", die diese Meinung beziehungsweise den Tisch bereitwillig unterstützen und dadurch für die Tischbeine sorgen würden.

Andere Menschen sind aber anderer Meinung und betrachten die Smartphones als sinnvolle Arbeitsmittel für das digitale Arbeiten in der Schule.

Die einen sehen bei diesem Thema eher die Chancen, die anderen die Risiken.

Beispielsweise könnte ich eine andere Meinung vertreten und sagen: „Jedes Kind ab 14 Jahren müsste sich sein Handy selbst verdienen, damit es daraus lernt, derartige Dinge in seinem Leben später mehr zu schätzen."

An dieser Stelle möchte ich Sie noch einmal an die Geschichte aus meiner Schulzeit erinnern. Damals ging es um Schuhe, die ein Kind von den anderen ausgrenzten, und heute geht es um die Handys. Auch dies ist einzig und allein meine persönliche Meinung, die niemand unterstützen oder mit mir teilen muss.

Fortlaufend werden wir Menschen auf unterschiedliche Art und Weise mit Argumenten konfrontiert, die für oder gegen eine Meinung sprechen und die demzufolge ein Pro-und-Contra-System bilden.

Ich persönlich finde es immer wieder außerordentlich interessant, als neutraler Beobachter mitzuerleben, wie manche Menschen versuchen, andere von ihrer Meinung zu überzeugen, damit sie diese in Zukunft befürworten und stärken. Dabei werden Unmengen von Argumenten, Statistiken, Bewertungen, Daten und Fakten aufgezählt, um mehr Zustimmung und Unterstützung zu bekommen.

Hier gilt dasselbe wie beim Fällen von Urteilen. Bleiben Sie anderen Meinungen gegenüber zunächst erst einmal neutral und hinterfragen Sie die aufgeführten Argumente!

Wenn ich zum Beispiel den Satz lese: „93 Prozent aller Eltern würden das Kinder-Shampoo der Marke XY weiterempfehlen", stelle ich mir sofort die Fragen: „93 Prozent aller Eltern von wo? 93 Prozent aus einer bestimmten Stadt? 93 Prozent von 100 Personen? Oder 93 Prozent der Bevölkerung eines ganzen Landes?" Mit dieser Fragestellung lässt sich dieses Argument augenblicklich entschärfen. Oder glauben Sie etwa, dass nahezu ganz Deutschland auf ein einziges Kinder-Shampoo schwört? Wohl eher nicht!

Ganz genau aus diesem Grund werden Sie in diesem Buch auch keine Statistiken oder Durchschnittswerte finden.

Derartige Schnapszahlen verwendet man immer wieder gern, wie beispielsweise für Marketing-Strategien. 93 Prozent hören sich als Empfehlung erst einmal nicht zu übertrieben an, was ja auch einen Sinn ergibt.

Man zieht ganz bewusst 7 von 100 Prozent ab, damit es glaubwürdiger klingt, nicht zu viel, aber auch nicht zu wenig. Dies wiederum stellt die eine Seite des Arguments dar. Die andere Seite würde nämlich folgendermaßen lauten: „7 von 100 Prozent aller Eltern würden dieses Shampoo nicht empfehlen." Dies würde aber nicht einmal halb so gut zu der Marketing-Strategie passen, mit der man das Produkt verkaufen möchte.

Welche Aussage steckt denn nun wirklich dahinter und aus welcher Quelle stammt diese Statistik? Überprüfen Sie die Angabe genauer, nehmen Sie die Erklärung sorgfältiger unter die Lupe, bleiben sie erst einmal auf Distanz und betrachten Sie diese Aussage aus einem anderen Blickwinkel heraus!

Wenn sich daraus Zweifel an dieser Meinung ergeben, hinterfragen Sie das Ganze, indem Sie sich auf die W-Fragen — Warum? Wieso? Wer? Wann? Weshalb? Und Wo? - konzentrieren!

Sobald eine Person beispielsweise behauptet, umfangreiche Kenntnisse über Autos würden zur Allgemeinbildung gehören, stellen Sie eine Gegenfrage: „Wer hat denn darüber entschieden, dass dieses Thema zur Allgemeinbildung zählt?", oder: „Wer bestimmt eigentlich, welche Bereiche die Allgemeinbildung umfasst?" Hier lautet die einfache Antwort: „Keiner", da niemand auf dieser Welt, weder ein Gesetz noch ein Mensch, darüber entscheidet.

Natürlich ist es gut und toll, wenn man sich mit Autos auskennt. Lassen Sie sich aber trotzdem von niemandem einreden und erklären, dass es ein Muss wäre, etwas über Autos zu wissen! Wenn man in einer Kfz-Werkstatt arbeiten möchte, zählt es zu den Grundvoraussetzungen, sich ein umfassendes Wissen über Autos anzueignen, aber trotzdem ist es noch lange keine Schande, nichts darüber zu wissen.

Auf diese Art und Weise können Sie hervorragend gegen derartige Äußerungen vorgehen, die Meinung anderer ins Wanken bringen oder eine falsche Behauptung entlarven.

Denken Sie an den Tisch und an seine Beine! Hierdurch wird der Tisch seinen Halt sehr schnell verlieren, wenn man dem Tisch seine Beine wegnimmt.

Verschaffen Sie sich grundsätzlich Klarheit, auch wenn die Wahrheit manchmal ziemlich unangenehm sein kann! Trotz allem ist und bleibt es nun einmal die Wahrheit.

Stellen Sie sich die neuesten Nachrichten und die Berichte, mit denen Sie gerade konfrontiert werden, doch einfach einmal als eine Art „oberste Erdkruste" vor! Um mehr zu erfahren, müssen Sie tiefer graben beziehungsweise nachforschen, damit Sie zu der Meinung, die Sie eben gehört haben, ausreichend viele Informationen in Erfahrung bringen können.

Lassen Sie sich in Zukunft nicht mehr, um es einmal auf „gut Deutsch" zu sagen, verarschen!

Sorry für diesen Ausdruck, aber lassen Sie sich bitte nicht für dumm verkaufen!

Wenn Sie im Fernsehen zum Beispiel einen Werbespot sehen, in dem eine hübsche Frau eine bestimmte Kosmetik auf ihr Gesicht aufträgt, sollten Sie sich davon nicht sofort blenden lassen, damit Sie dieser professionellen Masche nicht auf den Leim gehen.

Die Werbebranche setzt ganz bewusst bildhübsche Models ein, damit sich der Endverbraucher einbildet, dass ihn diese Kosmetik auch so attraktiv machen könnte wie das Model in der Werbung. Leider sieht die Realität aber ganz anderes aus. Die Kosmetik hat diese Frau nämlich nicht so schön gemacht. Stattdessen war diese Frau bereits von Natur aus so schön. Ansonsten hätte man sie wohl kaum für diese Werbung engagiert.

Eine durchschnittliche Hausfrau, wie wir sie aus unserem eigenen Umfeld kennen, würde sich viel eher für einen Werbespot für z.B. Putzmittel oder Waschmittel eignen.

Auch wenn wir uns mit einer bestimmten Situation identifizieren können, ist dennoch Vorsicht geboten. Wenn Sie in einer Werbeanzeige lesen: „Bestes Produkt", oder: „Meistverkauftes Produkt", sollten Sie in jedem Fall erst einmal daran zweifeln und sich fragen: „Woher stammt diese Aussage und welche Erfahrungsberichte liegen ihr eigentlich zugrunde?"

Selbst wenn es sich tatsächlich um das meistverkaufte Produkt handeln sollte, heißt das noch lange nicht, dass es auch das beste Reinigungsmittel für den Haushalt ist. Lassen Sie sich von einem Logo nicht einfach beeindrucken, ohne sich umfassend darüber zu informieren!

Im Internet wimmelt es heute nur so von Produktbewertungen, Feedbacks und Kommentaren, Erfahrungsberichten über Hotels und Restaurants und natürlich auch (Fake)-News. Ständig und überall werden wir regelrecht damit überschüttet und fortlaufend werden wir dazu aufgefordert, irgendetwas zu kommentieren oder zu bewerten.

Dies gilt ebenso für eine neue App wie für den Besuch eines Restaurants, das vor kurzem in unserer Region eröffnet wurde, und für die aktuellen Mode-Trends. Alles will bewertet werden und man bewertet fleißig, was das Zeug hält.

Wenn Sie in einem Online-Shop beispielsweise eine neue Bohrmaschine kaufen möchten und deshalb nach dem besten Preis-Leistungs-Verhältnis suchen, werden Sie nach einer gewissen Zeit garantiert fündig, ohne sich hundertprozentig sicher zu sein, ob es sich tatsächlich um das perfekte Produkt handelt.

Was tun die meisten Menschen in dieser Situation? Sie holen sich eine zweite Meinung ein. Zu diesem Zweck lesen sie die Bewertungen und die Erfahrungsberichte anderer Kunden, um sich mithilfe dieser Informationen ein Urteil bilden zu können, dass ihnen ihre Kaufentscheidung erleichtert.

Gar kein Thema! Manche dieser Bewertungen und Berichte können wirklich hilfreich sein, wenn man sich selbst nicht gut genug auskennt. Auf der anderen Seite ist dem Hersteller des Produkts aber auch jedes Mittel recht, um es an den Mann zu bringen.

Dafür wirbt man mit bekannten Schauspielern oder man nutzt die sozialen Medienkanäle, um für das Produkt zu werben. Auch auf diese Weise werden Testberichte erstellt, die dazu führen sollen, sich für dieses Produkt zu entscheiden oder dem Produkt zumindest seine Aufmerksamkeit zu schenken und sich damit zu beschäftigen.

Obwohl Sie eigentlich nur eine stinknormale Bohrmaschine kaufen wollen, geht eine Unmenge kostbarer Zeit verloren, bis Sie sich endgültig für ein Produkt entscheiden können. Selbstverständlich kann ich es sehr gut verstehen, dass man für sein Geld etwas haben möchte, das möglichst lange hält und das eine erstklassige Qualität verspricht. Dafür nimmt man sich gern die erforderliche Zeit. Schließlich möchte man sich eine Fehlentscheidung beziehungsweise einen Fehlkauf ersparen.

Im Laufe der Zeit haben sich meine Erfahrungen in Bezug auf Fehlkäufe oftmals bestätigt. „Wer billig kauft, kauft am Ende zweimal", lautet ein altbekannter Spruch, den ich selbst immer wieder gern verwende, um andere Menschen davor zu bewahren, diesen Fehler zu machen.

Anstatt ein Billigprodukt zu kaufen, das nach einer viel zu kurzen Zeit der Nutzung kaputtgeht, gebe ich lieber ein paar Euro mehr aus, damit ich etwas Ordentliches im Haus habe.

Natürlich muss man nicht in jedem Fall mehr ausgeben, weil man das gleiche Produkt mit etwas Glück auch für einen günstigeren Preis finden kann.

Es mag wohl sein, das viele Menschen anderer Meinung sind und glauben, dass ein vergleichbares Produkt von einem anderen Hersteller auch seinen Zweck erfüllt. Dem kann ich selbstverständlich nicht widersprechen.

Hier kommt es einzig und allein darauf an, dass man persönlich damit zufrieden ist.

Ein hervorragendes Beispiel zu diesem Thema stellen die sogenannten Eigenmarken der Supermärkte dar. Schließlich ist es seit Langem ein offenes Geheimnis, dass zahlreiche allgemein bekannte Firmen ihre Produkte hier nur in einer anderen Verpackung, mit einem anderen Logo und unter einer anderen Bezeichnung anbieten.

Jetzt nehmen wir einfach einmal an, Sie würden sich einigermaßen gut mit Werkzeugen auskennen und wissen, welche Werkzeughersteller eine besonders hochwertige Qualität produzieren. Dabei bleiben wir bei dem Beispiel der Bohrmaschine. Mittlerweile schauen Sie sich ja nicht mehr ausschließlich die guten Bewertungen an, sondern Sie achten auch auf die schlechteren. Als ein echter Werkzeug-Kenner würden Sie sich vielleicht fragen, wie man die Produkte eines so renommierten Herstellers denn überhaupt dermaßen schlecht bewerten kann.

Sobald Sie den Text aufmerksam durchgelesen haben, den ein anderer Kunde veröffentlicht hat, entdecken Sie unter Umständen Aussagen, wie beispielsweise: „Dieses Produkt eignet sich nicht für industrielle Zwecke." Dadurch wird es Ihnen sofort klar, warum der Verfasser der Bewertung diesem Produkt nur einen von fünf Sternen gegeben hat und warum sein Urteil derartig schlecht ausgefallen ist. Eigentlich sollte man wissen, dass diese Bohrmaschine nicht für den industriellen Bedarf, sondern für Heimwerker hergestellt wurde. Genau so wird es auch in der Produktbeschreibung des Herstellers zu lesen sein.

Deshalb bin ich der Meinung, man sollte sich nie zu sehr auf die Bewertungen von anderen Kunden verlassen und ihnen nicht zu viel Vertrauen schenken, vor allem nicht den Menschen, die man überhaupt nicht kennt. Wer weiß? Vielleicht verbirgt sich hinter den Personen, die dieses Produkt angeblich gekauft haben, ja nur die Konkurrenz, die diesen Artikel absichtlich so schlecht bewertet hat, um dem anderen Hersteller zu schaden. Manchmal engagiert man sogar Personen, die bestimmte Produkte bewerten sollen. Auch bei deren Aussagen ist äußerste Vorsicht geboten. Wenn jemand beispielsweise an einem einzigen Tag zehn verschiedene Mikrowellen bewertet, würde ich dieser Person jedenfalls keinen Glauben schenken.

Bilden Sie sich auf der Grundlage Ihrer eigenen Erfahrungen lieber Ihre eigene Meinung!

Auch wenn noch so viele Kunden ein Produkt außerordentlich positiv bewerten, wird es immer auch andere Menschen geben, die es gar nicht so toll finden. Sobald man sich zu sehr damit beschäftigt, was andere meinen, ist man bereits in dem bekannten Pro-und-Contra-System gefangen.

Dies gilt unter anderem auch für Kino-Filme. Schauen Sie sich den Film erst einmal selber an, bevor Sie mitreden und beurteilen können, wie dieser Film in Wahrheit war und ob er Ihnen persönlich gefallen hat. Auch an der Stelle sollte man sich besser nicht zu sehr auf die Meinungen anderer verlassen.

Ebenso wie beim Essen ist und bleibt dieses Thema nun einmal eine reine Geschmackssache. Lassen Sie sich nicht mehr verrückt machen und beschäftigen Sie sich nicht zu sehr mit den Meinungen der anderen! Solange Ihnen selbst etwas gefällt und Sie sich mit Ihrer Entscheidung wohlfühlen, können Ihnen die Meinungen der anderen doch völlig schnuppe sein.

Aufgrund der ganz individuellen „Brille", durch die wir Menschen die Welt betrachten, ist es nun einmal unmöglich, es jedem recht zu machen. Immer und überall wird es zwangsläufig mindestens einen Menschen geben, die andere Meinung ist.

Kennen Sie die Geschichte von dem alten Mann, dem Jungen und dem Esel, die von ihrem Dorf aus zum Markt gehen wollten? Wenn ja, können Sie diese Geschichte bereits im Zusammenhang mit dem Thema der unterschiedlichen Meinungen betrachten. Falls nein, erzähle ich Sie Ihnen jetzt gern.

Ein alter Mann und ein kleiner Junge waren mit ihrem Esel auf dem Weg zum Markt, weil sie den Esel dort verkaufen wollten. Der alte Mann führte den Esel an einem Strick und der Junge ging neben ihm her. Auf ihrem Weg kam ihnen ein Mann entgegen, der die beiden ansprach: „Ha, ihr Narren! Da habt ihr nun schon einen Esel, aber ihr reitet nicht einmal auf ihm." Da die beiden dem Mann Recht gaben, beschloss der alte Mann, dass der Junge auf dem Esel reiten sollte. Anschließend gingen sie weiter. Kurz darauf kam eine Gruppe von Bauern vorbei, aus der einer den beiden zurief: „Sag mal, Junge, schämst du dich denn gar nicht, weil du den alten Mann zu Fuß gehen lässt, während dich der Esel trägt? Schämen solltest du dich!" Und wie sich der Junge auf einmal geschämt hat! Augenblicklich stieg er von dem Esel herunter, um dem alten Mann zu helfen, auf den Esel zu steigen.

Ein Stückchen weiter begegneten sie zwei Frauen, die bei ihrem Anblick ausriefen: „Ach, du meine Güte, hat dieser alte Mann denn gar kein Herz? Er reitet doch tatsächlich gemütlich auf dem Esel und lässt den armen Jungen laufen." Schon bald waren die beiden vollkommen verwirrt.

Schließlich entschied der alte Mann, dass sie beide auf dem Esel reiten sollten. So setzten sie ihren Weg zum Markt hin fort. Ein wenig später kam ihnen ein anderer Mann entgegen, der die beiden sofort anschrie: „Sagt mal, tickt ihr eigentlich nicht mehr ganz richtig?

Wie könnt ihr denn bloß zu zweit auf dem armen Esel reiten? Ihr seid doch viel zu schwer für das arme Tier." Vollkommen ratlos stiegen die beiden von dem Esel herunter, um darüber nachzudenken, was sie jetzt denn nur tun sollten. Am Ende beschlossen sie, den Esel auf ihrem Rücken zu tragen. Als sie endlich an ihrem Ziel ankamen, machten sich alle Besucher des Marktes über sie lustig: „Ha, schaut euch diese Narren an! Die beiden tragen doch tatsächlich einen Esel." Schon bald waren der alte Mann und der Junge viel zu erschöpft, um den Esel noch länger tragen zu können. Also setzten sie den Esel wieder ab. Daraufhin war der Esel so empört, dass er auf Nimmerwiedersehen davonrannte. Also mussten die beiden ihre Lektion lernen und mit leeren Händen nach Hause zurückkehren.

„Wenn du es allen recht machen willst, wirst du es niemandem recht machen."

Wie Sie es dieser Geschichte entnehmen können, ist es absolut unmöglich, mit dem, was man sagt oder tut, alle anderen Menschen gleichzeitig zufriedenzustellen. Wie auch immer man seine Situation darstellt, irgendeinem Menschen passt es garantiert nicht, weil jede Person aufgrund ihrer eigenen Erfahrungen eine andere Einstellung hat. Trotzdem werden Sie natürlich immer wieder auf Gleichgesinnte treffen, die Ihre Meinung teilen, aber die Gesamtheit aller Menschen wird dies niemals tun.

In Laufe meines Lebens habe ich gelernt, mir keine Gedanken über die Urteile, Bewertungen und Meinungen der anderen mehr zu machen. Davon abgesehen, schenke ich meine Aufmerksamkeit wesentlich lieber mir selbst und ich konzentriere mich ganz bewusst auf mich statt auf andere, die sich mit ihrer Meinung nur wichtigmachen wollen.

Ein sehr guter Freund von mir stellte mir eines Tages eine außerordentlich interessante Frage: „Denkt ein Löwe eigentlich über das nach, was die Schafe über ihn denken?" Nachdem ich kurz darüber nachgedacht hatte, schüttelte ich den Kopf und antwortete: „Nein, absolut nicht, weil die Meinung der anderen dem Löwen vollkommen egal ist und weil er macht, was er will."

Auch wenn unzählige Menschen, vielleicht ja sogar Tausende von Menschen etwas behaupten oder etwas für richtig halten, muss es trotzdem noch lange nicht der Wahrheit entsprechen.

Stellen Sie sich beispielsweise vor, Tausende von Menschen würden ernsthaft behaupten, dass ein Sparbuch bei der Bank nach wie vor die beste und sicherste Form der Geldanlage wäre! In dem Fall würden Sie sofort wissen, dass es sich bei dieser Aussage um totalen Unsinn handelt.

Dafür reicht es schon aus, sich die Entwicklung der Zinsen in unserer heutigen Gesellschaft anzuschauen. Nur für einen kurzen Augenblick über die weltweite Finanzkrise vom Jahr 2007 an nachzudenken, kann einen durchaus dazu veranlassen, die Hände über dem Kopf zusammenzuschlagen.

Und dennoch glauben Tausende oder sogar Zehntausende von Menschen, dass ihr Geld auf einem Sparbuch sehr gut angelegt wäre.

Dabei sieht die Wahrheit so aus, dass man sich aufgrund der stetigen Inflation auf diese Weise eher arm spart, weil der Wert des Geldes ständig sinkt. Dadurch ist zum Beispiel 1.000 Euro in zwei bis drei Jahren nicht mehr 1.000 Euro, sondern nur noch ungefähr 950 Euro wert, was ich hier nur einmal kurz am Rande erwähnen möchte.

Die meisten Menschen möchten gern permanent alles richtig machen und in ihrem Leben nach Möglichkeit überhaupt keine Risiken eingehen. Deshalb verlassen sie sich auf das, was die meisten Menschen tun, weil dies ja zwangsläufig richtig sein müsste. Gleichzeitig wünschen sie sich „soziale Sicherheit" und sie wollen ganz einfach dazugehören. Dies könnte man, anders gesagt, auch so ausdrücken, dass sie danach streben, ein anerkanntes Mitglied der Gesellschaft zu sein.

Es mag ja sein, dass manche ihr Geld wegen der unsicheren wirtschaftlichen Lage lieber auf einem Sparbuch haben möchten, und das finde ich natürlich völlig in Ordnung.

Andere bringen ihr Geld überhaupt nicht zur Bank und legen es stattdessen unter ihr Kopfkissen oder unter ihre Matratze. Damit haben wir auch schon genug zu dem Thema gesagt, wie man sein Geld am besten auf die hohe Kante legt, denn darum geht es hier ja nicht.

In der Stadt oder auf einem großen, öffentlichen Platz kann man manchmal beobachten, wie unzählige Menschen gleichzeitig nach oben in den Himmel schauen. Wie verhält man sich in dieser Situation? Ganz automatisch sieht man auch zum Himmel hinauf, um herauszufinden, was sich dort oben wohl gerade abspielt. Schließlich möchte man ja nichts verpassen.

Dasselbe trifft auch auf das Publikum einer Live-Show zu. Sobald alle klatschen, fangen wir wie von selbst auch damit an.

Lassen Sie sich von der Meinung der breiten Masse nicht unter Druck setzen! Denken Sie stattdessen erst einmal nach und überlegen Sie sich, ob das Handeln der Masse tatsächlich richtig ist! Nur weil sehr viele Menschen dasselbe behaupten, muss es noch lange nicht der Wahrheit entsprechen. Befreien Sie sich von dem Gruppenzwang, wenn es nicht zwingend erforderlich ist, ihm zu folgen, und wenn Sie es nicht wirklich wollen!

Wenn es in diesem Zusammenhang um das Thema Trinkgeld geht, wird es noch schwieriger. Hier möchte ich zunächst einmal klarstellen, dass ich in Bezug darauf absolut kein Unmensch bin. Für eine professionelle und freundliche Bedienung gebe ich sehr gern auch einmal etwas mehr und ich runde den Rechnungsbetrag grundsätzlich auf. Oftmals stellt man sich aber die Frage, wie viel Trinkgeld denn nun eigentlich genau richtig bemessen ist.

Abhängig vom jeweiligen Land und von der Region gibt es dazu viele unterschiedliche Meinungen.

In Deutschland gibt man durchschnittlich fünf bis zehn Prozent des Rechnungsbetrages dazu. In manchen Ländern ist das Trinkgeld bereits in der Endsumme enthalten und in anderen Ländern ist man eher geizig und gibt gar nichts, während in den USA sogar fünfzehn bis zwanzig Prozent Trinkgeld üblich sind. Wann und wo auch immer man sich mit dieser Frage beschäftigt, kann es kein richtiges oder falsches Trinkgeld geben.

Die einen behaupten, zehn Prozent wären genau richtig, und die anderen bezeichnen dies als falsch, weil es dafür nun einmal keine allgemeingültige Regel und kein Gesetz gibt. Also, wer bestimmt denn nun eigentlich, wie viel man geben sollte?

Ganz einfach! Es bleibt jedem einzelnen selbst überlassen, was er für einen guten Service geben möchte. Ich selbst mache den Betrag beispielsweise davon abhängig, wie freundlich, wie schnell und wie kompetent die Bedienung ist. Trotzdem wiederhole ich es noch einmal: Es ist und bleibt einzig und allein Ihre Entscheidung, ob Sie überhaupt etwas geben und wie viel Sie für richtig halten. Orientieren Sie sich nicht daran, was andere Ihnen vorschreiben wollen, und geben Sie ausschließlich so viel, wie Sie geben möchten und können!

Das Verschenken von Geld ist nämlich ein außerordentlich heikles Thema. Wem gibt man überhaupt Geld? Wie viel gibt man dieser Person und für welche Dienstleistung ist es angebracht?

Viele Menschen geben einem Kellner beziehungsweise einem Gastronomen auch dann ein kleines Trinkgeld, wenn sie für ihre tägliche Arbeit nicht mehr als den in Deutschland vorgeschriebenen Mindestlohn bekommen. Warum gibt man zum Beispiel einem Richter, einer Kassiererin, einem Maurer oder einem Piloten kein Trinkgeld? Ja, all diese Berufsgruppen verdienen mehr als ein kleiner, armer Kellner.

Alle, die die oben erwähnten Berufe ausüben, leisten an jedem einzelnen Tag hervorragende Arbeit, aber trotzdem erhalten sie in der Regel kein Trinkgeld. Der Grund hierfür liegt erneut in unserer Vergangenheit, genau genommen, etwa im 14. Jahrhundert. Wenn die Adeligen ihren Bediensteten damals Geld gaben, war dies aber eher herablassend gemeint und betonte den Klassenunterschied zwischen den sogenannten Herren und ihren Untergebenen. Was sich hinter der Geschichte des Trinkgeldes verbirgt, finde ich sehr traurig. Glücklicherweise sieht es heute aber ganz anders aus. Nur die Handlung als solche ist nach wie vor dieselbe.

Dies sollte man wissen, wenn man sich mit dem Thema beschäftigt, dessen Ursprung man nicht wirklich kennt, oder wenn es einen interessiert, warum es denn eigentlich so gehandhabt wird.

Wo und wann Sie auch immer mit einem schwierigen Thema oder mit einer fragwürdigen Theorie konfrontiert werden, sollten Sie auf der Hut sein und hellhörig werden, damit Sie niemandem auf den Leim gehen.

Fragen Sie sich grundsätzlich, was wahr sein könnte, indem Sie sich mit dem Hintergrund und der Geschichte des jeweiligen Themas auseinandersetzen!

Gleichzeitig wird dies wie von selbst auch Ihr Selbstbewusstsein stärken. Tun Sie sich selber einen Gefallen und bleiben Sie in Ihrem Leben stetig, überall und in jeder Situation wachsam!

Von Zeit zu Zeit erleben wir alle Situationen, in denen ein anderer Mensch unsere Hilfe braucht, um seine Probleme lösen zu können. Dabei kann es zum Beispiel um Geldsorgen oder um Probleme mit dem Alkohol gehen, weil immer noch viele meinen, der Alkohol würde ihnen helfen, ihren Sorgen zu entfliehen. Bedauerlicherweise hat dies noch nie funktioniert. Stattdessen macht es das Ganze noch schlimmer.

Stellen Sie sich einfach einmal vor, die Schwierigkeiten, die ein Mensch hat, wären so etwas wie ein Sumpf, in dem dieser Mensch immer tiefer versinkt. Wenn Sie ihm helfen möchten, indem Sie ihm ein Seil zuwerfen, um ihn aus dem Sumpf herauszuziehen, haben Sie ihm in diesem Moment zwar geholfen, aber noch nicht die Ursache beseitigt. Um die gesamte Situation zu analysieren, müsste man selbst in den Sumpf springen, um herauszufinden, wie und warum dieser Mensch in den Sumpf hineingeraten ist. Vielleicht klingt dies zunächst etwas seltsam, aber die endgültige Klarheit kann man sich nur in der Praxis verschaffen. Dies bedeutet, dass man die Ursache in Erfahrung bringen muss, die diesen Menschen in den Sumpf getrieben hat.

Ob es darum geht, dass sein bisheriger Lebenspartner mit ihm Schluss gemacht hat, ob er beim Pokern alles verzockt hat oder ob er gerade seinen Job verloren hat, spielt hierbei erst einmal keine Rolle. Wesentlich wichtiger ist es, die jeweilige Situation zu verstehen. Um dazu in der Lage zu sein, muss man dasselbe Szenario selbst schon „Praxisnah" erlebt haben, um sich in die Situation des Menschen, dem man helfen möchte, hineinversetzen zu können.

Ein weiteres schwammiges Thema, das sich im Grunde aber leicht durchschauen lässt, ist der Glaube an Horoskope.

Lassen Sie uns doch einmal ganz ehrlich sein, liebe Leser! Meinen Sie etwa ernsthaft, dass alles, was tagtäglich in Ihrem Horoskop steht, tatsächlich zutrifft?

Es tut mir wirklich sehr leid, Sie enttäuschen zu müssen, falls Sie diese Frage bejahen würden. Eigentlich sollte es Ihnen doch längst klar sein, dass Sie damit auf einen uralten Trickbetrug hereinfallen.

Es gibt nämlich einen guten Grund dafür, warum die Voraussagen der Horoskope grundsätzlich außerordentlich vage bleiben.

Anders ausgedrückt, heißt das, man hält die Aussagen ganz bewusst sehr allgemein, damit am Ende mit einer ziemlich hohen Wahrscheinlichkeit wenigstens ein oder zwei Sätze auf Sie zutreffen.

Jeder hört gern angenehme und schmeichelhafte Aussagen über sich selbst. Selbst wenn diese überhaupt nicht zu uns passen, akzeptieren wir sie nur allzu bereitwillig.

Zu diesem Thema wurde mit sehr vielen Probanden einmal ein interessanter Test durchgeführt. Bei der Vorbereitung dieses Tests hatten Wissenschaftler mehrere Zeitungsausschnitte aus Horoskopen zusammengestellt, um sie den Probanden vorzulegen. Dabei wählten sie ein Sternzeichen aus, das zum Geburtstag eines verstorbenen Serienmörders passte, was den Probanden gegenüber natürlich nicht erwähnt wurde. Jedem einzelnen Probanden gegenüber behauptete man, dass das betreffende Horoskop speziell für ihn und für sein Sternzeichen erstellt worden wäre. In Wahrheit gab man aber allen dasselbe. Anschließend befragte man die Probanden in Einzelgesprächen, wie sie ihr persönliches Horoskop fanden. Alle dreißig Personen gaben ihrem „persönlichen" Horoskop dabei eine sehr gute, gute oder befriedigende Schulnote, weil alles im Großem und Ganzem auf jede Person zutraf und alle zufrieden waren.

Jetzt passen Sie bitte gut auf, liebe Leser! Als man jedem der Probanden später erklärte, dass er gar nicht sein „persönliches" Horoskop, sondern das Horoskop für einen verstorbenen Serienmörder gelesen hatte, waren alle Probanden so schockiert, erschrocken und verblüfft, als ob man ihnen vor laufender Kamera die Hose heruntergezogen hätte, und alle wurden kreidebleich. Natürlich wollte plötzlich keine dieser Personen „ihr" Horoskop akzeptiert haben. Wer will sich denn auch mit einem Mörder vergleichen?

Als alle erfuhren, dass jeder der Probanden das gleiche Horoskop erhalten hatte, war es endgültig vorbei und kein einziger der Probanden wollte nach dieser maßlosen Enttäuschung jemals wieder einem Horoskop Glauben schenken.

An dieser Stelle sage ich Ihnen auch etwas voraus, nämlich, dass Sie am Ende dieses Monats ein Geldsegen erwartet.

Ob Sie arbeiten oder nicht und ob es sich um eine große oder um eine kleine Summe handelt, spielt hierbei keine Rolle. Die Hauptsache ist doch, dass die Aussage stimmt. Warum sage ich Ihnen das voraus? Ganz einfach, weil die meisten Menschen am Ende des Monats ihren Lohn beziehungsweise ihr Gehalt, ihr Kindergeld oder ihre Stütze bekommen

Also habe ich eine allgemeine und schwammige Aussage mit einer Prise hoher Wahrscheinlichkeit verbunden, das Ganze allgemein gehalten und dadurch Ihre Aufmerksamkeit gewonnen und Sie glauben und hoffen lassen, dass Sie am Monatsende den Jackpot knacken. Ein Optimist lässt sich davon noch leichter überzeugen.

Die Wahrsager wenden exakt diesen und ähnliche Tricks an, wobei sie allgemeine Wahrscheinlichkeiten mit den typisch menschlichen, psychologischen Verhaltensmustern verbinden. Es mag ja sein, dass das Lesen von Horoskopen recht unterhaltsam sein kann.

Mehr steckt aber nichts dahinter.

Nehmen Sie sich die Aussagen der Horoskope bitte nicht zu Herzen und nehmen sie Ihr Schicksal stattdessen selbst in die Hand! Überlassen Sie nichts dem Zufall!

Wenn ein Mensch tatsächlich dazu in der Lage wäre, die Zukunft vorauszusagen, könnte er uns doch auch die nächsten sechs Richtigen im Lotto nennen. Wer eine solche Gabe hätte, müsste nämlich ausnahmslos alles vorhersehen können, und genau dies ist der springende Punkt.

Realistisch betrachtet, kann kein einziger sterblicher Mensch auf dieser Welt etwas vorhersehen, das hundertprozentig wahr und verlässlich ist. Für uns Menschen ist dies schlicht und einfach unmöglich und daran wird sich auch in der Zukunft nichts ändern. Wir Menschen wurden nun einmal nicht mit diesem Talent gesegnet. Ansonsten würde ich schon längst an der Börse mitmischen oder tagtäglich Lotto spielen und dabei jedes Mal genau richtig liegen und mein ganzes Leben lang nur noch gewinnen.

Wir Menschen besitzen aber keine übernatürlichen Kräfte. Mit diesen hat uns der liebe Gott wohl aus gutem Grund nicht ausgestattet.

Oder haben Sie schon einmal einen Menschen wie einen Superhelden durch die Luft fliegen gesehen? Ich habe zwar schon oft Menschen fliegen gesehen, aber nur auf die Nase.

Glauben Sie eigentlich an den lieben Gott? Wenn ja, dann glauben Sie lieber auch weiterhin an den lieben Gott, was ich selbst übrigens auch liebend gern tue, bevor Sie einem solchen Schwachsinn und Hokuspokus Glauben schenken! Wenn nicht, kann ich Ihnen nur sagen, dass es immer noch tausendmal besser ist, an Gott zu glauben, als seine Zeit mit dem Bullshit der Horoskope zu verschwenden und an Voraussagen zu glauben, die am Ende nie eintreffen.

Dabei handelt es sich nämlich um eine reine Volksbelustigung, um einen uralten Trick und um eine bewährte „Ich-ziehe-dir-das-Geld-aus-der-Tasche-Masche". Um nichts anderes geht es hier. Investieren Sie Ihr Geld und Ihre Zeit besser in etwas Sinnvolleres!

Für diejenigen, die abergläubisch sind, gilt dasselbe. Auch bei diesem Thema komme ich am besten direkt zum Punkt. Den abergläubischen Menschen unter Ihnen möchte ich zunächst einmal eine Frage stellen: „Wie kann Ihnen eine schwarze Katze, die vor Ihnen über die Straße läuft, Pech bringen?" Soll dieses arme, kleine Lebewesen tatsächlich dazu in der Lage sein, das zu bewirken? Was kann die arme Katze dafür, dass sie ein schwarzes Fell hat, das allen Menschen, die ihr begegnen, Unglück bringt?

Ja, selbstverständlich war das ironisch gemeint. Oder denken Sie etwa, eine Katze hätte nichts Besseres zu tun, als uns zu verfluchen und uns ins Unglück zu stürzen?

Ganz ähnlich verhält es sich unter anderem, wenn ein Spiegel zerbricht oder wenn man dreimal auf Holz klopft.

Das einzige Beispiel, das für mich einen Sinn ergibt, ist die Warnung, besser nicht unter einer Leiter hindurchzugehen. Dabei sehe ich den Sinn aber aus Sicherheitsgründen.

Wenn jemand auf einer Leiter steht und beispielsweise an einer Wand arbeitet, kann in jedem Augenblick etwas herunterfallen, und wenn man nicht gut genug aufpasst, landet dieser Gegenstand im schlimmsten Fall auf dem Kopf der Person, die gerade unter der Leiter hindurchgeht. Dies könnte äußerst schmerzhaft enden.

Und wieder einmal sind unsere Vorfahren schuld daran. In ihrer Zeit hatten sie zum Beispiel Angst vor Krankheiten und vor den verschiedensten Dingen, die sie sich nicht erklären konnten.

Aus diesem Grund haben sie sich von diesen Dingen ferngehalten. „Das könnte ein schlechtes Zeichen sein", meinten diejenigen, die abergläubisch waren. Das Ritual, dreimal auf Holz zu klopfen, war beispielsweise bei Matrosen üblich, die genau das taten, wenn sie auf ein Schiff gingen. Damals klopften sie dreimal auf den Schiffsmast, um den Zustand des Schiffes zu überprüfen. Hierbei signalisierte ein heller Klang, dass sich das Holz in einem guten Zustand befand, und ein dumpfer Klang warnte sie vor der schlechten Qualität des Holzes. Auf diese Weise konnten sie die Tauglichkeit des jeweiligen Schiffes einschätzen und feststellen, ob es zumutbar war, mit diesem Schiff zu segeln, oder ob man es besser sein lassen sollte.

Ganz ähnlich verhält es sich mit dem Mythos vom Freitag, dem 13. Dass man hier von einer Unglückszahl spricht und diesen Tag demzufolge als einen Unglückstag abstempelt, finde ich sehr ungerecht. Selbst wenn sich an diesem Tag nicht so viele Unfälle ereignen wie an anderen Tagen, betrachtet man diesen Tag immer noch als ein schlechtes Omen. In Wahrheit handelt es sich aber um einen stinknormalen Tag wie jeden anderen. An allen anderen Tagen kommt es genauso zu Unfällen und zu Missgeschicken, was wir Menschen aber bewusst verdrängen. Ich selbst hatte an einem Freitag, dem 13., schon oftmals sehr viel Glück und ich bin mir sicher, dass sehr viele andere Menschen dieselbe Erfahrung gemacht haben. Versuchen Sie einfach einmal, sich daran zu erinnern, was Sie selbst im Laufe Ihres Lebens an diesem Tag erlebt haben!

In den meisten Hotels dieser Welt gibt es kein Zimmer mit der Nummer 13, in Aufzügen und Hochhäusern wird das 13. Stockwerk nicht mit der entsprechenden Bezeichnung versehen und in Flugzeugen existiert keine 13. Sitzreihe.

Unabhängig davon, ob man diese Zahl ganz bewusst entfernt hat oder nicht, darf man nicht vergessen, dass sich beispielsweise in Hotels und in Hochhäusern mit und ohne die Nummer 13 im Laufe der Jahre nun einmal ganz zwangsläufig Unfälle und Missgeschicke ereignen. Eine Zahl aus dem System zu entfernen, weil man meint, ohne sie würde es keine oder nur noch sehr wenige Unfälle geben, ist wirklich ein außergewöhnlich dummer Denkfehler.

Wie gut, dass es sehr viele Menschen gibt, die sich etwas so Banales nicht antun und die diesem Mythos keinen Glauben schenken!

So leid es mir auch tut, muss ich ehrlich bleiben und Ihnen sagen, dass Flugzeuge ohne einen Sitzplatz mit der Nummer 13 ebenso abstürzen können wie die Flugzeuge mit einem Sitzplatz mit der Nummer 13.

Einer einfachen Zahl die Schuld für Unfälle zuzuweisen, ergibt nun einmal nicht den geringsten Sinn. Dass in der Vergangenheit schlechte Nachrichten über unglückliche Ereignisse an diesem Tag verbreitet wurden, ändert auch nichts daran. Es ist schon Wahnsinn, wenn man sich vorstellt, wie stark uns alle der mit diesem Datum verbundene Aberglaube geprägt hat.

Indem wir uns fragen, was sich tatsächlich dahinter verbirgt, kommen wir jetzt wieder zu dem springenden Punkt. Was könnte zum Beispiel die wirkliche Ursache für die Flugzeugabstürze sein? Laut der Aussagen der Fluggesellschaften, die alle Unglücksfälle protokolliert haben, sind die meisten Flugzeugabstürze nicht auf eine mangelhafte Wartung der Maschine oder auf einen Vogel, der während des Fluges in eine der Flugzeugturbinen hineingeraten ist, zurückzuführen, sondern auf eine unzureichende Kommunikation zwischen dem Piloten und dem Co-Piloten. Alle der eben genannten Ursachen findet man in den Unfallstatistiken. Nach einem speziellen Datum wird man aber vergeblich suchen.

Was für die einen längst eine bekannte Tatsache darstellt, kann für die anderen eine wichtige Information sein, die man ihnen bisher vorenthalten hatte. Auch bei diesem Thema empfiehlt es sich, grundsätzlich hinter die Kulissen zu schauen und jeden Sachverhalt erst einmal aus einem anderen Blickwinkel heraus zu betrachten.

Sobald man umfassend informiert und aufgeklärt ist, lässt sich jede Situation entschärfen und man fühlt sich wesentlich entspannter und beruhigter.

Denken Sie bitte auch daran, dass unser Verstand alle Informationen vollkommen anders verarbeitet als unsere Augen!

An dieser Stelle möchte ich ein weiteres interessantes Beispiel aufführen. Wenn ein Mann eine hübsche Frau beobachtet, die neben zwei bei Weitem nicht so gut aussehenden Frauen spazieren geht, empfindet er sie als viel attraktiver, als er sie beurteilen würde, wenn sie mit zwei anderen, noch hübscheren Frauen unterwegs wäre, zwischen denen sie eher blass wirken würde.

„Die Schönheit liegt immer im Auge des Betrachters." Diesen Satz lege ich Ihnen für diese und für ähnliche Situationen ans Herz.

Wenn Sie einen Menschen als hübsch empfinden, dann ist dieser Mensch für Sie hübsch und es sollte Ihnen völlig egal sein, was andere Menschen darüber denken.

Zum Thema Denkfehler möchte ich in diesem Kapitel noch etwas anderes erwähnen, um Ihnen für Ihr Leben mehr Klarheit zu verschaffen. Auf den vorherigen Seiten ging es hauptsächlich um kleine und einfache Beispiele.

Jetzt beschäftigen wir uns mit einem komplexeren Thema, nämlich mit dem Elektroauto. Deshalb wird es nun ein wenig anspruchsvoller. Fragen wir uns doch einfach einmal, was für und was gegen ein Elektroauto spricht!

In der Automobilindustrie findet zurzeit ein tief greifender Wandel mit zahlreichen Veränderungen statt. Die Automobilindustrie möchte das Autofahren preiswerter machen, für saubere Luft sorgen und den Emissionsausstoß in die Atmosphäre verringern. Was man angeblich den Klimaschutz zuliebe unternimmt, geschieht aber in Wirklichkeit nur, weil die Öl-Reserven weltweit allmählich zur Neige gehen. Aus diesem Grund präsentieren sich die Bosse der großen Öl-Konzerne in der Werbung heute beispielsweise neben einem Öl-Fass stehend, womit sie uns indirekt sagen wollen: „Kauft mein Öl jetzt aber möglichst schnell, damit ich mir meine Taschen endgültig füllen und anschließend von hier verschwinden kann!" Dazu kommt natürlich noch die bekannte Geste eines erhobenen Daumens.

Also muss jetzt das Elektroauto her, das mit erneuerbarer Energie rein elektrisch betrieben wird und das sich über eine Steckdose aufladen lässt. Gleichzeitig sollen sich die Inspektionskosten verringern, da bei einem Elektroauto unter anderem kein Ölwechsel mehr erforderlich ist und die Bremsbeläge bei einer vernünftigen Fahrweise nicht so schnell verschleißen, weil sich das Elektroauto von selbst abbremst, sobald man das Gaspedal nicht mehr betätigt.

Und zu guter Letzt verschmutzen Elektroautos die Umwelt nicht mehr so stark. Auf den ersten Blick hört sich die „Zero-Emissions-Politik" in der Theorie also recht positiv an.

Mit einer „wieder aufladbaren 9V Block-Akku-Batterie auf vier Rädern" zu fahren, müsste doch eigentlich eine tolle Sache sein. Auch ich denke so darüber und das meine ich jetzt wirklich ernst, denn die Idee an sich finde ich super. Damit möchte ich zum Ausdruck bringen, dass ein Elektroauto zahlreiche Vorteile verspricht.

Mittlerweile hat sich die Technik so weit entwickelt, dass man mit einem Elektroauto eine Fahrstrecke von mehr als 300 km zurücklegen und eine Geschwindigkeit von 130 km/h erreichen kann, weshalb es sich inzwischen auch für die Autobahn eignet.

Bis hierhin habe ich ausschließlich das Positive zum Thema Elektroauto aufgezählt. Wenn man sich aber die negativen Aspekte vor Augen führt und wenn man sich näher damit beschäftigt, was man heutzutage alles benötigt, um ein Elektroauto herzustellen, fällt der eine oder andere wahrscheinlich schnell von seinem Glauben ab.

Lassen Sie uns zunächst über die Umweltbelastung sprechen! Mit den Rohstoffen, die für die Herstellung einer Batterie für ein Elektroauto erforderlich sind, könnte man mit einem Auto mit einem Verbrennungsmotor acht Jahre lang fahren und am Ende käme man zu demselben Ergebnis.

Nur zu gern gibt man den Autos den größten Teil der Schuld an der Umweltverschmutzung, dass aber ein einziges Containerschiff die Umwelt ebenso stark verschmutzt wie Millionen von Autos, verschweigt man uns ganz bewusst. Und dabei sind weltweit Hunderte von Containerschiffen unterwegs, während man uns einredet, dass diese Schiffe für die Wirtschaft unentbehrlich sind.

An dieser Stelle frage ich einmal ganz am Rande, ob wir tatsächlich rote Zwiebeln brauchen, die von Australien nach Deutschland geliefert werden.

Also, ich persönlich kann jedenfalls gut auf diese Zwiebeln vom anderen Ende der Erde verzichten. Gibt es in unserem Land denn nicht auch rote Zwiebeln?

Auch wenn sie pro Kilo vielleicht 10 bis 30 Cent teurer sind, sollten wir doch besser regional einkaufen, als mit einem Übersee-Container billige Waren zu importieren.

Letztendlich schadet es doch nur der Umwelt, wenn die Supermärkte meinen, sie müssten billiges Obst und Gemüse vom anderen Ende der Welt einführen, um es dann in Deutschland für den doppelten oder sogar für den dreifachen Preis weiterzuverkaufen. Was ist denn an der Stelle aus dem Verantwortungsbewusstsein für die Umwelt geworden?

Heute dreht sich alles nur noch um den höchstmöglichen Profit. Darüber, dass diese maßlose Gier dazu führt, Mutter Natur gewissenlos auszubeuten, spricht man aber nicht.

Wenn es auf diese Art und Weise weitergeht, kann niemand mehr von einer „Zero-Emission" sprechen, denn wenn auf der einen Seite der Welt keine Abgase oder nur noch stark verringerte Abgase erzeugt werden, während die Abgaswerte auf der anderen Seite der Erde gleichzeitig ansteigen, stimmt die Rechnung von vorn bis hinten nicht mehr. Hierdurch drehen wir uns einfach nur im Kreis und wir kommen keinen einzigen Schritt weiter.

Falls wir diesem schönen Märchen Glauben schenken, müssen wir damit rechnen, dass der Strom, der zum Aufladen der Batterien von Elektroautos erforderlich ist, im Laufe der kommenden Jahre eher noch zusätzlich versteuert werden wird, wie es beim Benzin und beim Dieselkraftstoff bereits der Fall ist.

Dies wiederum bedeutet, dass die Stromkonzerne die zukünftigen „Öl-Barone" sein werden.

Auch bei diesem Thema geht es weder um die Umwelt noch um den Kunden. Für die Automobilindustrie dreht sich alles ausschließlich um ihr Image und heutzutage ist „die grüne Weste" nun einmal „die neue weiße Weste".

Wer auch weiterhin meint, das Elektroauto wäre das Fahrzeug der Zukunft, irrt sich gewaltig. Es geht einzig und allein darum, noch mehr Autos zu verkaufen, und von diesem Zusatzgeschäft verspricht sich die Industrie, den Endverbrauchern sogar noch ein zweites oder ein drittes Auto verkaufen zu können.

Auch dieses Zusatzgeschäft wird irgendwann an seine Grenzen stoßen. Für die Herstellung der erforderlichen Akkus benötigt man nämlich wertvolle Rohstoffe, die ebenfalls zur Neige gehen. Zu den wesentlichen Rohstoffen für die Produktion von Akkus zählen unter anderem Lithium, das man hauptsächlich in Südamerika abbaut, und Kobalt, das man überwiegend in Zentralafrika gewinnt. Hier muss ich nebenbei noch einfügen, dass die Kinderarbeit in einigen Regionen von Afrika bedauerlicherweise bis heute zu den gängigen Methoden gehört. Streng genommen, könnte man also sagen, dass in jedem Elektroauto auch der Schweiß von Kindern steckt, was weltweit niemand unterstützen dürfte. Falls die Automobilindustrie darauf auch noch stolz ist, fehlt mir dafür das Verständnis.

Den größten Teil der Schürfrechte in Afrika hat sich China gesichert. Das heißt im Klartext, dass man die erforderlichen Rohstoffe für die Herstellung der Akkus eigentlich von China kauft, womit man sich zunehmend von diesem Land abhängig macht.

Nehmen wir doch einmal an, einer der großen Automobilhersteller würde komplett auf Elektroautos umsteigen und diese in Serie produzieren. In diesem Fall müsste ein einziger Automobilhersteller nahezu das gesamte weltweit verfügbare Kobalt und Lithium aufkaufen, um seine Produktion abzusichern. Für dieses Szenario hat man bereits berechnet, dass unter anderem rund 120.000 Tonnen Kobalt dafür erforderlich wären.

Gemäß den aktuellen Recherchen weiß man aber, dass aufgrund des zunehmenden Abbaus und der Weltproduktion nur noch etwa 125.000 Tonnen Kobalt vorrätig sind.

Wohin soll das alles noch führen?

Die gute Nachricht lautet, dass Metalle wieder verwendet werden und Autobatterien einen sogenannten „Second-Life" bekommen, das heißt in anderen Worten, das Autobatterien ein zweites Leben bekommen und für Energiespeicherung verwendet werden. Eine Autobatterie die nicht mehr Leistungsfähig für ein E-Auto ist, aber noch gut genug für Energie zu Speichern.

Kann von überschüssigem Strom von erneu barer Energie Quellen genutzt werden und das bis zu 10 Jahren.

Selbstverständlich wird getestet und geprüft, wie sich Akkus auch ohne den Einsatz dieser Rohstoffe herstellen lassen und bei der Entwicklung neuer Produkte hat sich inzwischen schon sehr viel getan. Vielleicht kann man ja zukünftig Akkus herstellen, für die nur noch die Hälfte der Rohstoffe, wie zum Beispiel Kobalt und Lithium, erforderlich sind, oder man wird sogar Akkus aus anderen Materialien produzieren, wie beispielsweise aus Magnesium, das laut der Messungen über eine höhere Energiedichte verfügt und das wesentlich sicherer sein soll. Die Lösung für dieses Problem ist eine echte Herausforderung, bei der es vor allem um die Lebensdauer der Batterien geht.

Ich selbst interessiere mich auch für die Entwicklung von Wasserstoff-Autos, die dieselben Vorteile wie Elektroautos bieten. Unter anderem sind sie auch emissionsfrei und sie lassen sich extrem schnell betanken. Bei dem Vergleich mit einem Elektroauto, bei dem man im Schnelllade-Modus ungefähr 20 Minuten lang warten muss (diese Zeit hat auch nicht jeder), bis der Akku eine Kapazität von rund 80 Prozent aufweist, mit der man weiterfahren kann, bringen die Elektroautos meiner Ansicht nach an der Stelle einen wesentlichen Nachteil mit sich, denn eine „Ladeangst" oder Batterieversagen schwirrt in unseren Köpfen.

Zum Thema der Brennstoffzellen könnte man noch zahlreiche weitere Punkte aufzählen, die ernsthaft in Betracht gezogen werden müssen. Für die Herstellung einer Brennstoffzelle benötigt man zum Beispiel das seltene Material Platin. Auch hier forscht man nach einer geeigneten Lösung, durch die sich dieses Material zukünftig ersetzen lassen könnte. Man darf aber auch nicht vergessen, dass die Ansprüche an die Sicherheit außerordentlich hoch angesetzt sind.

Wasserstoff-Gastanks können im Fall einer Beschädigung Lecks aufweisen, durch die leicht entzündliche Gase austreten. Hierdurch droht eine nicht zu unterschätzende Gefahr. Wie Sie sehen, ist die Automobilindustrie darum bemüht, diese Schwachstellen zu korrigieren und zu vermeiden.

Wenn Sie beabsichtigen, ein neues Auto zu kaufen, würde ich Ihnen deshalb raten, besser erst einmal abzuwarten, bis die Technologie restlos ausgereift sein wird. Wenn es eines Tages so weit sein wird, würde ich mir auch gern ein Elektroauto oder ein mit Brennstoffzellen betriebenes Auto zulegen.

„Ein Apfel muss erst einmal gründlich reifen, bevor man ihn erntet", sage ich in diesem Zusammenhang immer wieder gern.

Damit meine ich, dass es sich für Sie lohnen wird, sich zunächst erst einmal zu gedulden, bis eine Idee oder eine Technologie komplett entwickelt ist. Am Anfang einer neuen Entwicklung können nämlich immer noch einige Fehler oder „Kinderkrankheiten" auftreten, die man zu Beginn noch nicht absehen konnte und um die man sich erst noch kümmern muss.

Dem können Sie, liebe Leser, entnehmen, dass es eine Menge von Vorteilen mit sich bringt, wenn man sich ausführlich mit einem Thema beschäftigt und wenn man sich genauestens darüber informiert.

Welche Vor- und Nachteile das Ganze in sich birgt und was sich hinter den Kulissen abspielt, kann für so manche Entscheidung außerordentlich wichtig sein.

Schauen Sie sich besser alles aufmerksam an, gehen sie dabei bis hin zu den Wurzeln und überprüfen Sie jede Einzelheit, damit Sie sich Klarheit verschaffen und mögliche Denkfehler ersparen können!

Warum bringen wir Menschen das Ökosystem eigentlich so stark in Gefahr, anstatt es mit aller Kraft zu schützen?

Oftmals frage ich mich, warum man nicht schon viel früher den richtigen Weg eingeschlagen und gehandelt hat. Wenn die Erde vom Aussterben bedroht ist und alle Wurzeln restlos ausgerissen sind, kann es nämlich schon zu spät sein. Man hätte doch schon wesentlich früher damit beginnen müssen, in neue Technologien und in die Forschung zu investieren, um unsere Erde zu retten. Nichts anderes könnte wichtiger sein als das. Warum musste es trotzdem so weit kommen, dass man nahezu sämtliche Rohstoffe verbraucht, weil man den Hals nicht voll genug bekommen kann? Wenn diese gefährlichen Denkfehler und die grenzenlose Gier des Menschen keine Todsünde sind, was dann?

Auch die Antwort auf die eben gestellten Fragen liegt in unserer Vergangenheit. Bedauerlicherweise hat man es uns nie beigebracht, richtig zu handeln, und wir wurden nicht einmal ansatzweise auf die derzeitige Situation vorbereitet. Schließlich gab es in der Geschichte der Menschheit bisher noch ausreichend viele Vorräte und Ressourcen und unsere Quellen zum Überleben schienen für alle Zeit auszureichen.

In kleineren Gruppen ist es den Menschen immer recht gut gelungen, ihre Vorräte untereinander aufzuteilen, sie sinnvoll zu verwenden und der Natur auch etwas zurückzugeben, damit sie sich wieder regenerieren kann. Dafür, dass dies im größeren Maßstab leider nicht funktioniert, bekommen wir jetzt, da dem Gleichgewicht unseres Ökosystems ins Wanken gerät, die verdiente „Quittung".

Trotzdem sind kleinere Gruppen auch weiterhin dazu in der Lage, es richtig zu machen. Beispielsweise würde niemand die Vorratskammer eines guten Freundes plündern, aber in den Beziehungen, in denen kein sozialer Kontakt stattfindet, sieht es vollkommen anders aus. Hier werden bedenkenlos Abgase ausgestoßen, das Wasser und die gesamte Umwelt verschmutzt und die Wälder abgeholzt.

„Wenn man jemandem den kleinen Finger reicht, reißt er einem gleich den ganzen Arm ab."

Ich selbst bin auch kein perfektes Vorbild. Ständig lerne ich zu dem wichtigen Thema Umweltschutz noch etwas dazu. Aber ich _will_ die Umwelt schonen, so gut ich es im Rahmen meiner Möglichkeiten kann, und das gebe ich auch an meine Kindern weiter, damit sie später hoffentlich einen sinnvollen Beitrag zum Umweltschutz leisten werden.

Ich empfinde es als unsagbar traurig und als eine bodenlose Frechheit, dass Tiere bis heute für die Herstellung von Klamotten geopfert werden und sterben müssen. Nur weil das Fell an der Kapuze einer Jacke so chic aussieht, haben wir dazu noch lange kein Recht. Obwohl ein Lebewesen dafür sterben musste, tut man sogar noch so, als ob es etwas Besonderes wäre. Ich bin wirklich kein Unmensch, aber man müsste an jede Jacke mit echtem Pelz ein Schild hängen, auf dem das Tier abgebildet ist, das dafür sein Leben lassen musste, oder man sollte sich vor dem Kauf einer solchen Jacke ein Video anschauen müssen, das zeigt, wie dieses Tier auf die brutalste Art und Weise gelitten hat, damit diese Jacke hergestellt werden konnte.

Natürlich klingt es ziemlich herzlos, einem Menschen so etwas zuzumuten, aber man muss ihnen endlich die Augen öffnen und ihnen bewusst machen, was sie da eigentlich kaufen. Diese Schreckensbilder würden es ihnen ja vielleicht verständlich machen, was sie sich selbst damit antun.

Ich könnte es jedenfalls nicht über mich bringen, ein totes Tier an meinem Körper zu tragen, selbst dann nicht, wenn es eines natürlichen Todes gestorben wäre. Das miese Geschäft des Handels mit echten Fellen werde ich keinesfalls unterstützen. Das Fell gehört einzig und allein dem Tier, von dem es stammt, und nicht mir oder irgendeinem anderen Menschen auf dieser Welt. Dass wir Menschen in der Nahrungskette ganz oben stehen, bedeutet noch lange nicht, dass wir frei darüber entscheiden dürfen, was wir mit anderen Lebewesen anstellen. Dazu haben wir schlicht und einfach kein Recht.

Es mag ja sein, dass sich manche Menschen ihren Lebensunterhalt bis heute mit der Jagd verdienen, aber dennoch haben sie nicht das Recht, Tiere zu töten, um ihnen das Fell abzuziehen. Den Verkauf von Kleidungsstücken mit echtem Fell müsste man endlich weltweit verbieten, um diesen Grausamkeiten für alle Zeiten ein Ende zu bereiten. Hier würde ich sogar Kunstfelle mit einbeziehen, denn wenn man kaum noch Kleidung mit Fell anbietet, wird auch die Nachfrage schnell nachlassen, bis es im Laufe der Zeit gar keine mehr gibt. Und ohne die entsprechende Nachfrage wird es dann auch keine Angebote mehr geben.

Dies gilt beispielsweise ebenso für das Horn von Nashörnern. Wie kann man denn nur stolz darauf sein, so etwas zu besitzen? Man sollte sich besser vorstellen, auf welche Art und Weise man dem Tier das Horn abgenommen hat, damit es der Käufer am Ende als Souvenir in sein Wohnzimmer stellen kann. Und was bringt ihm das Ganze? Was hat er davon?

Zu dieser Überzeugung bin ich nicht gekommen, weil ich mir im Fernsehen die Dokumentationen oder die Hilfskampagnen angeschaut habe und weil mir die Tiere deshalb auf einmal so leidtun und mir ans Herz gewachsen sind. Nein, mir geht es darum, dass niemand das Recht hat, einem Tier ein derartiges Leid anzutun.

Dieses Thema führt mich zu der Todesstrafe für Menschen. Leider gibt es auf dieser Welt nun einmal schlechte Menschen, die aufgrund ihrer grausamen Taten ja vielleicht wirklich den Tod verdient haben, aber diese Entscheidung zu treffen, ist ebenso falsch. Wir haben schlicht und einfach kein Recht dazu, den Tod eines anderen Menschen zu fordern.

Ja, ich weiß, dieser böse Mensch hatte auch nicht das Recht dazu, das Leben eines anderen zu beenden. Dies steht völlig außer Frage.

90

Wenn man aber einen Menschen zum Tode verurteilt, beendet man sein Leben unwiderruflich. Ob er im Anschluss daran in der Hölle schmoren wird oder nicht, werden wir natürlich niemals erfahren. Stattdessen würde ich diesen Menschen lebenslänglich hinter Gittern schmoren lassen, wo er keinem mehr schaden kann. Wahrscheinlich ist dies für den Verbrecher sogar qualvoller, als die Todesstrafe es je sein könnte. Auch in diesem Zusammenhang haben wir ganz einfach kein Recht dazu, einem anderen Menschen das Leben zu nehmen. Was mit diesem Menschen geschehen soll, kann einzig und allein der Herr im Himmel entscheiden. So viel zu diesem Thema und zu meiner persönlichen Meinung dazu.

Vorsicht ist ebenfalls bei der Sympathie geboten. Nichts ist grausamer, als jemanden glauben zu lassen, dass man ihn mag, wenn man es nicht wirklich ehrlich meint.

Sympathisch zu wirken, ist eine schöne Sache und ein angenehmes Gefühl, das manche Menschen leider gern ausnutzen.

Damit will ich darauf hinaus, dass man andere Menschen mit diesem Gefühl manipulieren kann. Für mich sind die Manipulation und die Sympathie eng miteinander verbunden, was sich deutlich zeigt, wenn man nur so tut, als ob man jemanden mag und diesen Menschen daran glauben lässt. Je sympathischer ein Mensch auf uns wirkt, desto stärker sind wir dazu geneigt, dieser Person zu helfen, ihr aufmerksam zuzuhören oder etwas von ihr zu kaufen.

In manchen Gesprächen setzt man die Sympathie ganz gezielt als Verkaufsstrategie ein. Wenn dann noch weitere Faktoren hinzukommen, steht einem nichts mehr im Wege. Ob wir eine Person sympathisch finden, hängt vor allem von ihrem Aussehen, von ihrer Attraktivität, von ihrer Persönlichkeit, von ihrer Stimme, von ihrer Sprache und von ihrer Herkunft ab.

Demzufolge ist es umso besser, wenn man mehrere Fremdsprachen spricht, damit man sich mit anderen Menschen in ihrer Muttersprache unterhalten kann. Wer findet es nicht angenehm, in einem fremden Land jemanden zu treffen, der seine Muttersprache spricht?

Ich versuche jetzt einfach einmal, das Ganze auf den Punkt zu bringen. Wenn man auf einen anderen Menschen sympathisch wirken möchte, spiegelt man für diesen Menschen genau das wider, was er gern sehen möchte, und schon erntet man Sympathie-Punkte.

Obwohl dies offensichtlich ist, fallen wir immer wieder darauf herein. Ein Mensch, der Ihre Interessen mit Ihnen teilt, wirkt auf Sie auf Anhieb sympathischer. Wenn dann noch die gleiche Gestik und Mimik hinzukommt, gewinnt man im Handumdrehen das Vertrauen seines Gegenübers.

Achten Sie deshalb stets darauf, wie sich eine Person Ihnen gegenüber verhält! Spielt sie Ihnen vielleicht nur etwas vor oder ist sie Ihnen tatsächlich so ähnlich? Was möchte diese Person mit ihrem Verhalten bewirken?

An dieser Stelle ist Ihre Menschenkenntnis gefragt. Wenn Sie sich mit den Ausdrucksformen der Körperhaltung, des Gesichtsausdrucks und der Sprechweise auskennen, können Sie einschätzen, wie sich Ihr Gegenüber verhält. Einem Menschen, der seine Arme verschränkt und der durch seinen Gesichtsausdruck Verschlossenheit signalisiert, sollten Sie beispielsweise kein einziges Wort glauben, wenn die Person behauptet, sie wäre weltoffen. Ein weiteres Beispiel hierfür ist eine Verkäuferin im Einzelhandel, die Sie fragt, ob sie Ihnen weiterhelfen kann. Wenn sie dabei ständig mit ihren Fingernägeln beschäftigt ist, scheint sie nicht wirklich hilfsbereit zu sein. Hierbei handelt es sich nur um zwei kleine und einfache Beispiele von vielen.

Noch wesentlich interessanter wird es bei Verhandlungen. Ein Mensch, der vorgibt, die gleichen Interessen wie Sie zu haben, und der über ein erstklassiges schauspielerisches Talent verfügt, lässt sich nur schwer durchschauen. In diesen Situationen sollten Sie sein Verhalten ganz genau beobachten und ihm gezielte Fragen stellen, die nur ein wirklich Gleichgesinnter beantworten kann. Falls dabei eine außergewöhnlich lange Sprechpause entsteht, ist die Wahrscheinlichkeit ziemlich hoch, dass mit dieser „gleichgesinnten" Person etwas nicht stimmt.

Zu diesem Thema möchte ich Ihnen vor allem sagen, dass Sie nicht zu naiv und zu blauäugig durch das Leben gehen und nicht sofort alles glauben sollten, was man Ihnen erzählt, damit man Sie nicht allzu leicht überrumpeln kann.

Passen Sie beim nächsten Mal besonders gut auf, wenn ein anderer Mensch Ihr Interesse für sich gewinnen will und versuchen Sie, herauszufinden, was die Person damit bezwecken möchte!

Auch das Risiko gehört zum Thema der Denkfehler. Vielen, die wie ich bei einem Unternehmen beziehungsweise bei einer Firma angefangen haben, erklärt man ihren beruflichen Werdegang, indem man Begriffe, wie zum Beispiel „die schwarze Null", „Believe in Zero", „Think and don't risk" oder wie auch immer diese Glaubenssätze heißen, die man im Beruf beigebracht bekommt, mit einfließen lässt. Aber nicht nur im beruflichen Umfeld wird man mit diesen Glaubenssätzen konfrontiert.

Auch im Privatleben kommt es oftmals vor, dass man außerordentlich viel investiert, um bloß kein Risiko einzugehen. Unsere Sicherheit ist uns allen heilig, was fraglos auch für mich gilt. Sicher zur Arbeit und anschließend wieder zurück nach Hause zu kommen, ist uns schließlich wichtig. In jedem Beruf kann es leider zu Unfällen kommen und jeder Unfall ist einer zu viel. Dem stimmt jeder zu. Unfälle in Unternehmen und im Privatleben komplett auszuschließen, ist theoretisch und praktisch unmöglich. Obwohl es mir leidtut, Ihnen das so schonungslos sagen zu müssen, wird es früher oder später immer den einen oder anderen Vorfall geben. Dass man uns mit der Floskel „Believe in Zero" beispielsweise weismachen möchte, dass es nie wieder zu Unfällen kommen wird, finde ich absolut unrealistisch.

Trotzdem sind manche Menschen dazu bereit, Unsummen dafür zu zahlen, jedes Risiko auszuschließen.

Dazu kann ich Ihnen nur sagen, dass Sie das Geld dafür lieber sparen oder es für etwas anderes ausgeben sollten, denn dieses Versprechen wird niemand jemals halten können. Unabhängig davon, ob es Ihnen bewusst ist oder nicht, gehen Sie jedes Mal, wenn Sie Ihr Zuhause verlassen, ein Risiko ein. Dies gilt ganz automatisch, sobald Sie in ein Auto einsteigen und zur Arbeit fahren. Was auch immer Sie gerade tun, gehen Sie damit zumindest ein geringes Risiko ein.

Über die Börse möchte ich hier gar nicht erst sprechen. Was meinen Sie denn, warum die Sicherheitsvorschriften für den Straßenverkehr fortlaufend höher geschraubt werden?

Um das Risiko hier komplett auszuschließen, müsste man das Tempolimit theoretisch auf null festsetzen, was ja völlig absurd wäre. Also nimmt man das Risiko eines Unfalls in Kauf. Man bemüht sich zwar, dieses Risiko durch strengere Sicherheitsvorschriften zu verringern, eine „schwarze Null" wird es in diesem Zusammenhang aber trotzdem nie geben.

Wie besessen wir Menschen doch sein können, wenn wir etwas erreichen wollen, das im Grunde gar nicht erreichbar ist!

Trotzdem tun wir alles dafür oder wir bezahlen Unsummen, damit wir uns einbilden können, die Kontrolle auszuüben und Herr der Lage zu sein. Das klingt ja beinahe schon so, als ob wir eines Tages auch die Zeit kontrollieren könnten. In Wahrheit sieht es aber so aus, dass wir noch wesentlich weniger unter unserer Kontrolle haben, als wir manchmal meinen.

Bestimmte Dinge, wie beispielsweise das Glück, Zufälle, das Wetter oder die Zeit, lassen sich durch unser Handeln nun einmal nicht beeinflussen.

„Man kann den Wind nicht ändern, sondern nur die Segel drehen." Dieser Satz passt haargenau zu diesem Thema.

Das Schicksal wollte ich hier eigentlich gar nicht erwähnen. Trotzdem möchte ich kurz klarstellen, was das Schicksal tatsächlich ist, - nämlich ausschließlich das, was sich <u>vor</u> unserer Geburt ereignet hat.

Einzig und allein dies ist Ihr persönliches Schicksal, mit dem Sie sich abfinden und das Sie akzeptieren müssen. Daraus ergibt sich das, was Sie sind, und das, was um Sie herum existiert. Alles andere, das <u>noch vor Ihnen</u> liegt, hat mit dem Schicksal nichts mehr zu tun. Was Sie aus Ihrer Zukunft machen, wie Sie sich verhalten und welche Entscheidungen Sie treffen, liegt nämlich einzig und allein in Ihrer Hand.

Wie sagt man noch so schön? „Jeder ist seines eigenen Glückes Schmied."

Nehmen wir doch einfach einmal an, man könnte bereits <u>vor</u> seiner Geburt Entscheidungen treffen und sich aussuchen, als wer oder was man geboren werden möchte. In dem Fall würde man genau das sein, was man sich schon immer gewünscht hat, wie zum Beispiel ein Prinz, eine Prinzessin oder das Kind eines bekannten Superstars oder eines Multimillionärs.

Sie sind aber nun einmal das, was Sie sind. Zumindest hier und jetzt müssen Sie lernen, das zu begreifen und zu akzeptieren. Lassen Sie sich bitte von niemandem weismachen, dass alles im Leben Schicksal oder vorprogrammiert wäre!

Mir liegt es wirklich sehr am Herzen, dass Sie sich von niemanden beeinflussen lassen und meinen, dass Ihr Schicksal bereits vorherbestimmt wäre. Das stimmt absolut nicht. Stattdessen liegt Ihr zukünftiges Leben einzig und allein in Ihren eigenen Händen.

Wenn Sie Ihr Schicksal selbst in die Hand nehmen und wenn bei der Durchführung Ihrer Vorhaben ab und zu etwas schiefläuft, dürfen Sie deshalb aber auch nicht die Schuld bei anderen suchen. Auch hierbei handelt es sich nämlich um einen gewaltigen Irrtum und um einen gravierenden Denkfehler.

Bedauerlicherweise tendieren wir Menschen dazu, die Schuld für alles grundsätzlich erst einmal bei anderen zu suchen, anstatt uns selbst genauer unter die Lupe zu nehmen.

Wenn ein Fehler auftritt, muss ihn doch eine andere Person verursacht haben. „Ich war das nicht", oder: „Ich bin nicht schuld daran gewesen", hört man überall und ständig. Sobald sich ein Unternehmen fast in den Ruin getrieben hat und die Umsatzzahlen in den Keller gehen, wird der Geschäftsführer in die Mangel genommen.

In einem Land, in dem sich die Zustände permanent verschlechtert haben, wird der Präsident beziehungsweise der Staatschef zur Rechenschaft gezogen. Wenn man diesem keine schwerwiegenden Fehler nachweisen kann, waren es eben die anderen Länder mit ihren hinterhältigen Handelsvorschriften oder mit ihren Strafzöllen. Selbst dem Wetter geben wir die Schuld an den hohen Benzinpreisen, an den Import- und Export-Geschäften und an den Kopfschmerzen, die das Wetter angeblich verursacht. Nahezu ununterbrochen sind wir auf der Suche nach passenden Ausreden oder nach Mitleid, während wir uns darüber beklagen, wie schlecht es uns doch geht, aber nie suchen wir die Schuld bei uns selbst.

Nehmen wir einmal an, Sie wären ein Manager und die wirtschaftliche Lage Ihres Unternehmens wäre gerade außerordentlich gut und es könnte kaum noch besser laufen. In diesem Fall würden Sie sich selbst auf die Schulter klopfen und den Erfolg sofort für sich verbuchen.

In guten Zeiten kann aber jeder mit wenig Mühe ein Unternehmen leiten. Wesentlich interessanter wird es in schwierigen Zeiten, in denen das Können eines Managers tatsächlich gefragt ist. Bei diesem Thema ist nämlich genau das der springende Punkt. Nur allzu gern übernehmen wir die Verantwortung für Erfolge, während wir uns nach Misserfolgen im erstbesten Mauseloch verkriechen. Es ist ja auch wesentlich angenehmer, wenn es „die anderen" waren und man die Schuld nicht auf sich nehmen muss. Ein sehr gutes Beispiel hierfür stellt der „Diesel-Skandal" dar.

Auch bei diesem Thema geht man ein gewisses Risiko ein, weil demjenigen, der lügt oder der etwas vertuscht, harte Strafen drohen, wenn er dabei erwischt wird. Je schwerwiegender die Lüge war, desto härter fällt anschließend die Straffe aus. Wer mag denn schon Lügner?

„Ehrlichkeit währt eben grundsätzlich am längsten."

Lassen Sie mich an der Stelle noch ein weiteres Beispiel hinzufügen. Wer trägt eigentlich die Schuld daran, dass der Pitbull so extrem aggressiv ist und demzufolge einen absolut schlechten Ruf hat? Der Hund selber? Nein, natürlich nicht. Ganz im Gegenteil! Wir Menschen sind nämlich schuld daran. Das Tier selbst kann doch nichts dafür, dass es sich so verhält, wie es dies momentan tut. Erst der Mensch hat es diesen Hunden beigebracht, dermaßen aggressiv zu sein. Kein Hund wird von selbst aggressiv, wenn nicht gerade ein Fremder sein Revier betritt, und in diesem Fall wäre seine Reaktion ja auch vollkommen berechtigt, weil er nur sein Revier beschützen möchte. Dies zählt zu den völlig normalen Instinkten von Hunden, nicht mehr und nicht weniger. Ausschließlich wir Menschen sind dafür verantwortlich, wie wir mit unseren Haustieren umgehen und wie wir sie erziehen.

Mindestens ebenso viele Irrtümer und Denkfehler betreffen das Thema Geld. Zum Beispiel behaupten wir Menschen immer wieder gern, dass Geld nicht glücklich macht oder dass es uns sogar Pech bringt. Schlagen Sie sich diese Denkfehler bitte sofort aus dem Kopf!

Das stimmt nämlich ganz und gar nicht. Natürlich ist Geld nicht alles im Leben, aber wenn man genug davon hat, kann es außerordentlich beruhigend sein.

Es mag ja sein, dass Geld uns nicht glücklich macht, aber das muss es ja auch gar nicht. Diejenigen, die meinen, das Geld hätte ihnen nur Unglück gebracht, sind selber schuld daran, dass sie zum Beispiel nach einem Lottogewinn nicht glücklicher geworden sind und in ihrem Leben stattdessen nur noch Pech hatten. Die Menschen, die diese Behauptungen aufstellen, können einfach nicht mit Geld umgehen. Mehr gibt es dazu nicht zu sagen.

Das Geld an sich ist nämlich neutral, nicht mehr und nicht weniger!

Letztendlich kommt es nur darauf an, wie wir Menschen mit unserem Geld umgehen. So einfach ist das. Sie allein entscheiden, was Sie mit diesem „Wechsel-Medium" anstellen. Ob Sie es versaufen, verzocken, sparen oder anlegen - diese Entscheidung liegt einzig und allein bei Ihnen und kein anderer kann Ihnen vorschreiben, was Sie damit zu tun haben. Das Geld spricht nicht mit Ihnen und es sagt Ihnen nicht, wofür Sie es am besten verwenden sollen.

Damit, dass auch dies in Ihren eigenen Händen liegt, ist zu diesem Thema bereits alles Wesentliche gesagt.

Ein anderes wichtiges Thema, das mir persönlich besonders am Herzen liegt, ist der Klimawandel. Giftige Gase verpesten die Atmosphäre, die Wälder, die unsere Lebensgrundlage darstellen, werden gewissenlos abgeholzt und die Meere werden mehr und mehr verschmutzt.

Falls wir auch weiterhin dermaßen rücksichtslos handeln, dürfen wir uns nicht darüber wundern, wenn das ökologische Gleichgewicht unserer Erde eines Tages unwiederbringlich zerstört sein wird. Auch bei diesem Thema sind wir Menschen wieder einmal die einzigen „üblichen Verdächtigen".

Weder der liebe Gott noch die Tiere oder die Pflanzen sind schuld daran, sondern ausschließlich wir Menschen.

Wollen wir wirklich die Schuld dafür tragen, dass man unseren Kindeskindern eines Tages nur noch erzählen kann, dass der Himmel früher einmal blau war!

Diesen Satz sollten wir alle uns einmal gründlich durch den Kopf gehen lassen. Hierbei handelt es sich nämlich um keine schlecht erfundene Geschichte. Dieses erschreckende Szenario könnte tatsächlich wahr werden.

Die gute Nachricht lautet, dass wir dazu fähig sind, eine Lösung für die Klimakrise zu finden.

Die Voraussetzung dafür besteht aber darin, dass wir den Ernst der Lage begreifen, uns der drohenden Gefahr bewusst werden und möglichst schnell entsprechend handeln müssen. Nichts kann jemals wichtiger sein, als unsere Erde und unsere Zivilisation zu retten. Anders ausgedrückt, kommt es darauf an, sich nicht nur der Gefahr bewusst zu werden, sondern auch die Chancen, die diese Krise mit sich bringt, zu erkennen. Damit uns dies gelingt, ist es von entscheidender Wichtigkeit, dass wir uns von der in manchen Filmen gezeigten Illusion verabschieden, es könnte ein „Gegenmittel" für dieses Problem geben.

„Die Weltregierung macht das schon", würde es in einem dieser Filme vielleicht heißen.

Ja, wir suchen bereits nach Lösungen für die Probleme, aber letztendlich müssen wir sie vor allem in die Tat umsetzen.

Irren ist und bleibt nun einmal menschlich, aber meiner Meinung nach haben die gravierenden Denkfehler, über die wir in diesem Kapitel gesprochen haben, in unserer heutigen Zeit nichts mehr zu suchen.

Wer aus seinen eigenen Fehlern lernt, zeigt die richtige Einstellung. Sich seine Fehler aber nicht einzugestehen, ist wesentlich schlimmer, als man es sich vorstellen kann. Wenn man einen Fehler gemacht hat, sollte man eben auch für diesen Fehler geradestehen. Alles andere würde eine völlig falsche Denkweise widerspiegeln.

Mit den folgenden Ratschlägen komme ich nun zum Ende dieses Kapitels.

Bleiben Sie in Ihrem Leben bitte stets wachsam und konzentrieren Sie sich auf das, was um Sie herum vorgeht, ohne es augenblicklich zu bewerten! Mit Offenheit, Neugier und Akzeptanz werden Sie nämlich wesentlich mehr erreichen.

Aufmerksam zu sein, bedeutet auch, die kleinen Dinge und Situationen des Lebens bewusst wahrzunehmen und zu schätzen, wie zum Beispiel einen Kuss Ihres Lebenspartners, die Hilfsbereitschaft anderer Menschen oder die lustigen Nachrichten von Ihren Freunden. Genießen Sie diese und alle anderen Augenblicke des Lebens!

Je öfter man sich darauf konzentriert, desto stärker nimmt man sie wahr. Seien Sie dankbar für die schönen Momente Ihres Lebens! Ich selbst fühle mich beispielsweise dadurch geschätzt, dass jemand an mich denkt.

Mit offenen Augen durch das Leben zu gehen, hilft uns auch dabei, einen kühlen Kopf zu bewahren und im Laufe der Zeit einen klareren Blick zu bekommen. Wenn in Ihrem Leben einmal etwas schieflaufen sollte, denken Sie bitte daran, dass es immer noch schlimmer kommen könnte, als es in Ihrer momentanen Situation ist!

Nehmen Sie sich die Zeit, die Sie dafür brauchen, lernen Sie Tag für Tag etwas mehr dazu und sammeln Sie Ihre persönlichen Erfahrungen! Informieren Sie sich möglichst umfassend und verschaffen Sie sich die erforderliche Klarheit, damit Sie die oben genannten Denkfehler zukünftig ausschließen können!

Wie Sie Ihre neue Denkweise in Ihrem täglichen Leben noch besser umsetzen können, erfahren Sie im folgenden Kapitel.

Kapitel 4

HANDELN!

Handeln Sie besser und stärken Sie Ihre Willenskraft!

Auf dieser Welt gibt es zwei Arten von Menschen - diejenigen, die immer nur reden, und die anderen, die in ihrem Leben handeln.

Manche fragen sich ständig: „Wie kann ich erfolgreicher werden?" Dabei suchen sie fortlaufend nach einer Antwort, während die anderen einfach etwas tun und selbst für ihren Erfolg sorgen.

In diesem letzten Kapitel schreibe ich über das Handeln - über das Handeln, das uns zu dem Menschen macht, der wir sind und der wir werden können.

Vorher fassen wir aber noch einmal kurz zusammen, worüber wir in den letzten drei Kapiteln dieses Ratgeber-Buches gesprochen haben. Am Anfang habe ich mich mit einem der „modernsten Worte" auf dieser Welt beschäftigt – mit dem Wort „Stress". Dabei war es mir besonders wichtig, näher zu erklären, was dieses Wort tatsächlich bedeutet. Anschließend ging es darum, in welche Richtung man sich mit der entsprechenden „Motivation" bewegen könnte und wie man mit „Denkfehlern und dem Denkverhalten" umgehen sollte, um sein eigenes Denken zu verändern und zu verbessern. In allen der drei vorigen Kapitel spielt die persönliche Einstellung eine wesentliche Rolle. Hierbei kommt es vor allem auf die richtige Sichtweise und der Auseinandersetzungen an, wobei sinnvolle Theorien, die sich im Alltag mühelos in die Praxis umsetzen lassen, leicht nachvollziehbare Aussagen und gut verständliche Lebensweisheiten als eine Art „Seelennahrung" dienen können, die uns den Weg zu einer positiveren Einstellung ebnet. Wie man diese Vorschläge betrachten möchte und was man daraus macht, entscheidet jeder für sich selbst.

In diesem letzten Kapitel möchte ich Ihnen erklären, wie man die oben genannten Themen und dieses neue Thema am besten in die Tat umsetzen kann. Zu den Grundvoraussetzungen, die dies ermöglichen, zählen das entsprechende Handeln und der starke innere Wille, erfolgreicher zu werden und seine persönlichen Ziele zu verwirklichen.

In unserem Leben ist nichts wichtiger als das Handeln und das Wollen.

Selbst für den kleinsten Gedanken müssen wir handeln. In diesem Fall tun wir dies zwar eher theoretisch, indem wir ihn mit unserem Verstand erschaffen, aber auch das stellt eine Form des Handelns dar.

Jede einzelne Entscheidung, die wir in unserem Leben treffen, ist grundsätzlich mit einer Aktion und mit einer Reaktion verbunden.

Vergessen Sie bitte nie, dass sich auf dieser Welt niemand davor drücken kann! Genau das möchte ich Ihnen direkt am Anfang dieses Kapitels klarmachen. Viel zu viele Menschen meinen, dass es irgendeinen Trick geben müsste, dies zu umgehen. Wenn es dann nicht funktioniert, fangen sie an zu jammern, weil sie es leichter finden, zu jammern und sich selbst zu bemitleiden, als endlich zu handeln.

Aber auch, wenn sie sich selbst etwas vormachen, tragen sie trotzdem ganz allein die Verantwortung für das, was Sie tun, und für das, was Sie nicht tun.

Es ist schwierig, es zuzugeben und es sich selbst einzugestehen. Viele Menschen verschließen gern die Augen vor dem, was sie mit ihrem Handeln bzw. mit ihrem Nicht-Handeln verursacht haben. In den meisten Fällen spielt hier ihre Angst eine nicht unwesentliche Rolle. Aus diesem Grund suchen sie fortlaufend nach Ausreden oder sie geben viel zu schnell auf und schmeißen irgendwann alles hin. Wenn etwas schiefläuft oder wenn ihnen etwas nicht gefällt, möchten sie es am liebsten nicht wahrhaben und davor flüchten. Dadurch nehmen sie die Situation so hin, wie sie ist, ohne einen Versuch zu unternehmen, etwas daran zu ändern. Vielleicht wird der eine oder andere jetzt die Stirn runzeln oder sich sogar über die Sätze ärgern, die ich hier gerade schreibe. Damit kann ich aber gut leben, weil nun einmal kein Weg daran vorbeiführt, die Wahrheit ungeschönt auszusprechen.

„Willkommen im Klub der Opfer!" Mit diesen Worten bringt man gern zum Ausdruck, wie schwer man es in seinem Leben doch hat. Auch diese Aussage stellt eine Art der Flucht dar. Schließlich ist es ja viel einfacher, die anderen zu verurteilen und ihnen die Schuld zuzuweisen, statt zuzugeben, dass wir für unser Leben selbst verantwortlich sind.

Dafür gibt es noch unzählige weitere Beispiele. „Das habe ich nicht gewusst." „Das wollte ich nicht." „Sie oder er war schuld, nicht ich." So und ganz ähnlich lauten die beliebten Ausflüchte, mit denen wir versuchen, Mitleid zu erregen. Mit Sätzen wie diesen könnte man problemlos unzählige Seiten füllen.

Weil Kinder in ihrer Handlungsfreiheit viel stärker eingeschränkt sind als wir Erwachsenen, habe ich vollstes Verständnis dafür, wenn sie diese Sätze aussprechen. Für Kinder, die für eine bestimmte Situation nicht verantwortlich sind und die noch nicht richtig erklären können, wie es dazu kam, empfinde ich ein tiefes Mitgefühl. Genau aus den oben genannten Gründen sind die Eltern als Autoritätspersonen für die Handlungen und für den Erfolg ihrer Kinder verantwortlich.

Verstehen Sie die folgenden Sätze bitte nicht falsch! Ich möchte ganz sicher keinen angreifen. Mit Erwachsenen kann ich aber beim besten Willen kein Mitleid haben.

Wie kann man nur so verantwortungslos und so feige zugleich sein und sich seine eigenen Fehler nicht eingestehen? Lassen Sie mich dies noch etwas klarer ausdrücken! Ein Mensch mit einem „gesundem und bewussten Menschen verstand" verbirgt seine eigenen Fehler nur allzu gern vor allen anderen und sucht sie immer zuerst bei anderen Menschen. Stattdessen sollte er besser erst einmal bei sich selbst anfangen und über das nachdenken, was er selbst getan hat oder was er gerade tun möchte.

Wenn man zum Beispiel im Fall eines Konflikts tatsächlich selbst nichts falsch gemacht hat und andere dafür verantwortlich waren, gilt es dennoch, dass man den Fehler grundsätzlich zuerst bei sich selber suchen und sich selbst die Frage stellen sollte, was man falsch gemacht hat.

Fangen Sie bitte <u>nie</u> mit dem Satz an: „Wie du mir, so ich dir!" Diese Aussage könnte man geradezu als ein Paradebeispiel für das falsche Handeln vorbringen. Sie ist aber ebenso unfair wie ungerecht. Ersetzen Sie sie doch einfach durch einen Satz, in dem es um Sie geht: „Wie bin ich zu dir?" Hierbei geht es darum, wie man sich selbst anderen Personen gegenüber verhält. Gleichzeitig sollte man sich darüber im Klaren sein, wie viel Wahrheit das alte Sprichwort beinhaltet: „Der Ton macht die Musik."

Unsere Betonung und unsere Aussprache, der gegenseitige Respekt und die Anerkennung der Leistungen unserer Mitmenschen spielen in unserem Verhalten anderen gegenüber nämlich eine entscheidende Rolle.

Deshalb ist es wesentlich, dass Sie zuerst bei sich selbst anfangen und dass Sie Ihr eigenes Verhalten und Ihre persönliche Einstellung im täglichen Miteinander regelmäßig auf den Prüfstand stellen. Wenn alle Stricke reißen, können Sie später immer noch sagen: „Wie du mir, so ich dir." In dem Fall haben Sie es zumindest versucht und den guten Vorsatz gehabt, sich Ihren Mitmenschen gegenüber fairer zu verhalten. Wenn ein Mensch Sie nicht so behandelt, wie Sie ihn behandelt haben, lohnt es sich nicht, noch mehr Zeit und Mühe zu investieren. In diesem Fall sollten Sie einfach daraus schließen, welchen Stellenwert Sie für diese Person haben und was Sie von ihr zu erwarten haben.

Halten Sie sich immer vor Augen, dass Sie Ihr Leben lang handeln werden und dass es in jeder Situation entscheidend ist, was Sie tun und was Sie nicht tun!

In anderen Worten ausgedrückt, bedeutet das, dass nur Sie allein für Ihr Handeln und für Ihre Entscheidungen verantwortlich sind. Was am Ende dabei herauskommt, ist zunächst erst einmal nicht relevant. Im Vordergrund steht die Entscheidung, die Sie getroffen haben, und das Ergebnis ist zweitrangig. Wichtig ist und bleibt vor allem, dass Sie handeln.

Diese Aussage könnte ich pausenlos wiederholen. Jede Ihrer Aktionen führt zu einer Reaktion, was natürlich auch umgekehrt gilt.

Aktion = Reaktion, Reaktion = Aktion. Machen Sie sich dies wieder und immer wieder klar! Unser gesamtes Leben wird von diesem ewigen Kreislauf bestimmt.

An dieser Stelle wiederhole ich es noch einmal: Auch wenn Sie nichts tun, handeln Sie in diesem Moment, weil Sie sich dafür entschieden haben, nichts zu tun. Dies gilt für alle und für jeden, für Kinder, Erwachsene, Lehrer, Schüler, Vorgesetzte, Mitarbeiter, die Wirtschaft und die Politik.

Nicht zu handeln und nicht zu denken, ist grundsätzlich unmöglich. Unser Gehirn ist schlicht und einfach nicht dazu in der Lage, das Denken zu unterbrechen oder es vollständig einzustellen.

Wir können unserem Gehirn nicht den Befehl erteilen, mit dem Denken aufzuhören. Ebenso, wie es beispielsweise auch für die Zeit gilt, sind wir nicht dazu in der Lage, es zu stoppen. Wir alle besitzen nicht die Fähigkeit, unser Denken und Handeln zu unterbrechen.

Kennen Sie den folgenden kleinen Test? Wenn man uns dazu auffordert, nicht an „rosa Elefanten" zu denken, sorgt unser Gehirn dafür, dass uns „rosa Elefanten" durch den Kopf gehen. Unser Gehirn erkennt das „_nicht_" in diesem Satz nicht und lässt es deshalb einfach weg.

Darauf haben wir keinen Einfluss. Genauso wird es Ihnen nie gelingen, Ihr Gehirn zu stoppen und mit dem Denken aufzuhören, weil Ihr Gehirn ununterbrochen aktiv ist.

Unser Gehirn denkt pausenlos. Sogar dann, wenn Sie an nichts denken, denken Sie gerade daran, an nichts zu denken. Dasselbe Prinzip gilt für Ihr Handeln. Wenn Sie sich dazu entschlossen haben, handeln zu wollen, fangen Sie zum Beispiel an, Ihre Füße zu bewegen.

Lernen Sie, mehr Verantwortung für sich selbst zu übernehmen! Fangen Sie am besten damit an, dass Sie sich selbst eine persönliche Frage stellen, die Sie vollkommen ehrlich beantworten müssen: „Können Sie sich selber vertrauen?"

Das erwähne ich, weil sich viele Menschen leider selbst nicht vertrauen können. Dies erkennt man beispielsweise daran, dass man das neue Jahr oft mit guten Vorsätzen beginnt, an denen man dann schon nach ein paar Wochen oder Monaten scheitert. In vielen Fällen liegt das daran, dass man sich zu hohe Ziele gesetzt hat und dass man erst später bemerkt, dass man sie unmöglich verwirklichen kann. Von diesem Moment an gibt man schnell auf. Mein Ratschlag zu diesem Thema lautet: Fangen Sie mit kleinen Zielen an und wagen Sie sich anschließend Schritt für Schritt an größere Ziele heran! Wenn Sie davon träumen, morgen ganze Berge zu versetzen, müssen Sie heute damit beginnen, kleine Steine aufzuheben.

Nehmen wir doch einmal an, dass Sie mehr Selbstvertrauen aufbauen möchten, damit Sie in Zukunft selbstsicher handeln können. Dafür müssen Sie sich selbst zuerst Ihre Fehler eingestehen. Geben Sie einfach zu, dass Sie Fehler gemacht zu haben! Hierbei spielt es nicht die geringste Rolle, um welche Art von Fehlern es sich handelt. Es ist keine Schande, diese Fehler zuzugeben. Ganz im Gegenteil! Dieses Eingeständnis stärkt Ihren Charakter und hilft Ihnen dabei, dieselben Fehler nicht zu wiederholen.

Warum geben so viele Menschen ihre Schuld nicht zu? Oftmals liegt es daran, dass sie die Verantwortung für ihre Fehler bewusst verdrängt haben.

Wenn ein Mensch die von ihm getroffenen Entscheidungen nicht mit dem anschließenden Ergebnis verbindet, fehlt es ihm offensichtlich an Selbstwertgefühl, das ihm klarmacht, wie wertvoll er ist. Obwohl ich Sie höchstwahrscheinlich nicht kenne, kann ich Ihnen eines versichern: „Sie sind garantiert kein Niemand, sondern ein Jemand."

Kein einziger Mensch auf dieser Welt ist mehr wert als irgendein anderer Mensch auf dieser Erde. Ob man arm oder reich, schwarz oder weiß, dick oder dünn, heterosexuell oder homosexuell ist, ändert daran nicht das Geringste. Ein Mensch ist ein Mensch. Bedauerlicherweise begegnet man immer wieder Menschen, die Unterschiede machen und die sich einbilden, sie wären etwas Besseres als andere. Das ist ein grundlegender Irrtum und einfach nur absoluter Schwachsinn. So ist es nun einmal nicht. Keiner von uns ist mehr wert als der andere. Unsere Selbstachtung verlangt, dass wir uns selbst respektieren und dass wir uns selbst mit all unseren Stärken, Schwächen, Talenten und Erfahrungen so akzeptieren, wie wir wirklich sind.

Unsere Selbstachtung und unser Selbstwertgefühl erschaffen und stärken unser Selbstvertrauen. Je mehr Sie sich selber vertrauen, desto selbstsicherer werden Sie, was es Ihnen ermöglicht, den Mut dafür aufzubringen, mehr und sicherer zu handeln.

Bei einem Erfolg kommt es nicht darauf an, ob er groß oder klein ist. Erkennen Sie Ihre kleinen und großen Erfolge an und freuen Sie sich in Ihrem Leben über jedes einzelne Erfolgserlebnis! Es sind und bleiben nun einmal Erfolge. Völlig unabhängig davon, ob es sich um gute Noten in der Schule, um eine bestandene Prüfung, um gute Leistungen, um den Gewinn einer Medaille oder um die Bewältigung einer einfachen Aufgabe handelt, gilt all dies als ein Erfolg.

Suchen Sie in Ihrem Leben nach neuen Herausforderungen! Springen Sie über Ihren eigenen Schatten! Verlassen Sie Ihre persönliche Komfortzone und verzichten Sie auf zu viel Bequemlichkeit! Beschreiten Sie neue Wege und denken Sie dabei immer daran, dass alles mit einem kleinen Schritt beginnt! Ein Mensch, der gerade mit dem Joggen angefangen hat, sollte besser nicht erwarten, dass er sofort an einem Marathon teilnehmen und dabei den 1. Platz belegen kann. Natürlich scheint das selbstverständlich zu sein.

Trotzdem überschätzen sich sehr viele Menschen, was sie schnell überheblich macht. Es gehört sehr viel mehr dazu, ein so hohes Ziel wie das eben genannte zu erreichen, wie zum Beispiel ein regelmäßiges Training, Ausdauer und Geduld.

Lassen Sie sich niemals von negativen Gedanken leiten! Hinterfragen Sie Ihre negativen Gedanken stattdessen ganz bewusst! Wenn Sie einmal eine Prüfung versemmelt haben, heißt das noch lange nicht, dass Sie aufgeben sollten. Stehen Sie nach jeder Niederlage wieder auf und machen Sie einfach weiter! Wenn Sie zehnmal hinfallen, stehen Sie eben auch beim elften Mal wieder auf.

Gibt es tatsächlich einen triftigen Grund für die negativen Gedanken, die Ihnen im Kopf herumschwirren? Nein. Ganz im Gegenteil! Sie haben bereits Erfolge erzielt und das werden Sie auch weiterhin tun. Verlieren Sie nie den Glauben an sich selbst! Wenn kein anderer Mensch an Sie glaubt, ist das nicht weiter tragisch. Nur Sie selbst müssen immer ganz fest an sich glauben. Erinnern Sie sich an der Stelle bitte daran, worum es im 3. Kapitel ging!

Darin habe ich unter anderem darüber geschrieben, was es bedeutet, sein zukünftiges Ich um die Erfolge zu beneiden, die dieses Ich in der Zukunft noch erzielen und erleben wird.

Wenn Sie weiterhin anderen Menschen Glauben schenken statt sich selbst, werden Sie wahrscheinlich irgendwann aufgeben und sich damit zur Handlungsunfähigkeit verurteilen.

Vielen Menschen mangelt es an Selbstvertrauen, weil ihnen die dafür erforderliche Selbstsicherheit fehlt. „Ich bin nichts wert", sagt man gern zu sich selbst oder auch: „Ich bin ein Versager." Natürlich sinkt das Selbstbewusstsein dabei in den Keller und wenn Sie weiter so jammern, kommt ein Problem nach dem anderen hinzu.

Sobald Sie anfangen, daran zu glauben, dass Sie ein „Versager" oder ein „Loser" sind, macht Sie das handlungsunfähig. Dadurch stehen Sie sich selber im Weg, Sie wagen sich nicht mehr an anspruchsvolle Aufgaben heran und gleichzeitig nehmen Ihre Selbstachtung und Ihr Selbstwertgefühl immer weiter ab. Den Menschen, die nur ein sehr geringes Selbstwertgefühl und kaum Selbstachtung besitzen, fehlt in den meisten Fällen die notwendige Erfahrung und ausreichende Übung.

Hier besteht die Kunst darin, sich diese Eigenschaften anzutrainieren und es zu lernen, sich selbst als wertvoll zu betrachten und sich selbst zu respektieren. Dies kann man natürlich nicht von heute auf morgen erreichen, möglich ist es aber trotzdem.

Hierfür gibt es mehrere verschiedene hilfreiche Vorgehensweisen und Methoden, mit denen Sie Ihr negatives Denken ändern und es schließlich vollständig aus Ihren Gedanken löschen können. Eine dieser sinnvollen Methoden hat sich bereits vielfach bewährt. Sprechen Sie Ihre negativen Gedanken laut aus! Achten Sie dabei darauf, welche Gefühle dies in Ihnen auslöst! Trauen Sie sich im Anschluss daran, Ihre Aussprache und Ihre Tonart zu verändern, und überprüfen Sie erneut, was Sie dabei empfinden! Diese kleine Hilfestellung sollte Ihnen helfen, sich darüber klar zu werden, was Ihre negativen Gedanken bewirken.

Auch hierzu möchte ich ein Beispiel aufführen: Es spielt eine entscheidende Rolle, wie man die Sätze formuliert. Ob Sie meinen, dass Sie nichts wert wären, oder ob Sie laut aussprechen: „Ich glaube, ich bin nichts wert", macht einen gewaltigen Unterschied. Bei der zweiten Variante ist die Aussage schon etwas abgemildert.

Jedes Mal, wenn Sie das Gefühl haben, gerade schlecht über sich selbst zu denken, müssen Sie diesen negativen Gedanken sofort verdrängen. Dass Sie das tun, ist unendlich wichtig.

Sie dürfen es auf gar keinen Fall zulassen, sich selbst in einem schlechten Licht zu sehen und dadurch entsprechend zu handeln. Betrachten Sie das Ganze grundsätzlich aus einem anderen Blickwinkel heraus, sobald ein negativer Gedanke aufkommt!

Ich wiederhole es besser noch einmal. Schaffen Sie eine Distanz zwischen sich selbst und den negativen Überzeugungen und lassen Sie diese nie zu nahe an sich heran!

Eignen Sie sich die oben genannte Methode an, indem Sie sie wieder und wieder anwenden, bis dies automatisch erfolgt!

Als eine alternative Methode bietet es sich an, einen „inneren Monolog" zu führen. Da wir alle in unserem Leben schon Selbstgespräche geführt haben, müsste jeder diese Variante kennen.

Damit meine ich unsere sogenannte „innere Stimme", die sich jedes Mal meldet, wenn wir über uns selbst nachdenken, vor allem aber in den Momenten, in denen wir uns unwohl fühlen. Oftmals führen wir dies ganz bewusst herbei, manchmal aber auch unbewusst. Vergessen Sie nie, die „innere Stimme", die in Ihrem Kopf herumschwirrt, zu hinterfragen! Sagt sie tatsächlich die Wahrheit? Gibt es Begründe dafür? Habe ich eine andere Wahl? Sind Entscheidungen zu treffen oder Gegenvorschläge zu machen? Welche Alternativen könnte ich auswählen? Wie sieht die Realität wirklich aus?

Setzen Sie sich doch einfach einmal an einen Tisch und schreiben Sie alle Vorwürfe auf, die Sie sich selbst vielleicht gerade machen! Notieren Sie gleichzeitig Ihre Erfolge, alles, was Ihnen in Ihrem Leben besonders gut gelungen ist, alle grundlegenden Wahrheiten, alle Tatsachen und alles, was für Sie oder gegen Sie spricht!

Zum Beispiel könnte es sein, dass Sie sich zu dick fühlen, dass Sie meinen, Sie hätten den falschen Beruf ergriffen, dass Sie zu wenig Geld verdienen oder dass Sie das Gefühl haben, nicht gemocht zu werden.

Zu den positiven Fakten, die für Sie sprechen und die Ihre Vorwürfe widerlegen, könnte es beispielsweise gehören, dass Sie technisch begabt, intelligent, musikalisch oder fröhlich sind, dass es in Ihrem Leben echte Freundschaften gibt oder dass Sie anderen gut zuhören können.

Gehen Sie in sich und denken Sie ausführlich darüber nach, was Sie bisher besonders gern getan oder unternommen haben, für welche Hobbys Sie sich begeistern und wofür Sie sich am meisten interessieren!

Je mehr positive Eigenschaften Sie sich zuschreiben können, desto besser wird Ihre persönliche Einschätzung ausfallen und Sie werden sich nicht mehr vorwerfen, ein Versager zu sein. Ganz im Gegenteil! Sie werden sogar bemerken, dass die Meinungen und Aussagen anderer Menschen Ihnen gegenüber auf einmal ziemlich alt aussehen.

Eine weitere hilfreiche Variante bezeichnet man als die „Pop-Up-Methode".

Sobald die negativen Gedanken in Ihnen die Oberhand gewinnen, müssen Sie sich vorstellen, dass diese negativen Gedanken wie bei Ihrem Smartphone auf einem Display auftauchen und dass Sie diese ganz einfach wegwischen können. Wenn Sie die Nachricht nicht lesen möchten, behandeln Sie sie wie eine Spam-E-Mail, die Sie als eine „unerwünschte Nachricht" betrachten und die Sie noch im selben Moment in den Papierkorb verschieben.

Selbstverständlich können Sie sich diesem Gefühl auch stellen und hinterfragen, aus welchem Grund es in Ihrem Kopf aufgetaucht ist.

Kann man das negative Denken tatsächlich hinterfragen? Ja, natürlich. Man hat immer die Möglichkeit, mit sich selbst zu sprechen und eine innere Diskussion zu führen. Nehmen wir doch einmal an, Sie würden ständig zu sich selber sagen: „Oh, Mann, mir gelingt in meinem Leben aber auch einfach gar nichts." In diesem Fall sollten Sie diese Aussage aus einem sicheren Abstand heraus betrachten und sie genau überprüfen und von allen Seiten durchleuchten.

Trifft diese Aussage wirklich auf Sie zu? Stellen Sie Gegenfragen, wie zum Beispiel: „Ist mir denn noch nie etwas erfolgreich gelungen?" Im Anschluss daran geben Sie sich selbst die Antworten auf Ihre Fragen. Hier könnte die Antwort beispielsweise lauten: „Doch, ich habe meine Fahrprüfung bestanden." Oder sie würde sich wie folgt oder ähnlich anhören: „Ich gehe jetzt gleich in das Fitnessstudio, in dem ich regelmäßig trainiere." Oder: „Ich kann sehr gut Kochen, denn allen, die mein Essen probieren, schmeckt es." Oder: „Ich bin handwerklich begabt."

Je öfter Sie mit sich selbst sprechen und einen inneren Dialog führen, um Ihre eigenen Behauptungen zu hinterfragen, desto schwächer und immer kleiner werden Ihre negativen Aussagen über sich selbst.

Nach und nach beginnen sie, auf immer wackeligeren Beinen zu stehen, bis sie sich am Ende vollständig in Luft auflösen und mit Wassertropfen vergleichen lassen, die an Ihnen abperlen.

Um negative Gedanken rechtzeitig erkennen und vertreiben zu können, ist es nicht notwendig, ein Psychologe zu sein. Ich selbst bin auch keiner und man muss auch keiner werden, um es zu schaffen.

Beachten und analysieren Sie Ihre Gefühle, anstatt sich mit ihnen abzufinden und sie einfach so zu akzeptieren, wie sie sind!

Wie fühlen Sie sich, wenn in Ihrem Leben Probleme auftauchen, mit denen Sie eigentlich nie wieder konfrontiert werden wollten? Stellen Sie Ihre inneren Empfindungen genau dar, indem Sie sie auf ein Blatt Papier schreiben!

Lassen Sie dabei kein einziges Detail außer Acht! Nur das, was man erkannt und durchschaut hat, kann man gezielt verändern.

Obwohl Ihnen dies nicht bewusst ist, folgt jede falsche Schlussfolgerung und Handlung ihrer eigenen Strategie. Darauf werden wir später noch einmal zurückkommen. Wenn Sie Ihre eigenen Gewohnheiten aufmerksam beobachten und wenn Sie deren Abläufe Schritt für Schritt überprüfen, werden Sie schnell bemerken, wie leicht sich diese Strategien aufdecken lassen. Versuchen Sie es doch einfach einmal!

Besonders wichtig ist die nähere Betrachtung aller unangenehmen Gewohnheiten. Um diese in Zukunft aufgeben zu können, muss man zunächst die Ursachen für diese Gewohnheiten erkannt haben. Dabei werden Sie ganz von allein mehr und mehr über sich selbst erfahren.

Wenn Sie meinem Ratschlag folgen und sich von allen negativen Gedanken trennen, gewinnen Sie wesentlich mehr Handlungsspielraum. Gleichzeitig wird Ihre Willenskraft gestärkt, die Sie brauchen, um sich erfolgreich dagegen wehren zu können. Dadurch wirken Sie zwangsläufig selbstbewusster, weil das negative Denken jetzt hinter Ihnen liegt, wo es auch hingehört. Vergessen Sie nie, es sich hierbei <u>nur</u> um Gedanken handelt, die nicht der Wahrheit entsprechen!

In dem folgenden Abschnitt geht es um die Fragen, die man sich heutzutage nahezu ununterbrochen stellt.

Diese Fragen lauten beispielsweise: „Warum funktioniert bei mir keine Freundschaft? Warum bin ich so eifersüchtig? Warum muss für mich immer alles perfekt sein?

Warum bin ich so faul, zu dick, zu dünn, erfolglos, orientierungslos, unzufrieden, unglücklich oder ständig so müde und antriebslos?"

111

Da die meisten Antworten auf diese Fragen in der Vergangenheit zu finden sind, ist es dringend erforderlich, unsere Vergangenheit genauer unter die Lupe zu nehmen und uns von ihr zu befreien.

Durch unser Handeln bringen wir unseren Charakter zum Ausdruck. Wir Menschen sind gute „Darsteller" und werden manchmal stur oder beleidigt, wenn ein Mensch, den wir mögen, etwas nicht mit uns, sondern lieber allein oder mit einem anderen unternimmt, weil wir uns dadurch zurückgewiesen fühlen. In diesen Momenten kommt das „Kind" in uns zum Vorschein, das wir früher einmal waren.

Beispielsweise beginnen wir, innerlich zu schmollen, sobald unser Chef uns kritisiert. Manche halten sich sogar für erfolglos, wenn sie etwas nicht gleich auf Anhieb richtig gemacht haben. Der Zusammenhang mit unserer Vergangenheit zeigt sich in unzähligen verschiedenen Situationen, vor allem aber in schlechten Zeiten und wenn es schwierig wird.

Alle unsere Erinnerungen hinterlassen in unserem Leben ihre Spuren. Eines steht zweifelsfrei fest: Auch Sie hatten eine Kindheit. Ob Sie sich kaum oder besonders gut daran erinnern können, spielt hierbei keine Rolle. Welche Spuren die Vergangenheit in uns hinterlassen hat, wie zum Beispiel durch eine zu behütete Kindheit, durch eine permanente Überforderung, durch Vernachlässigung oder durch fehlende Zuneigung, kann in unserem späteren Leben bis hin zur Orientierungslosigkeit führen.

Erst unsere Lebenserfahrungen machen uns zu dem Menschen, der wir heute sind.

Wenn Sie sich nicht mit Ihrer Vergangenheit auseinandersetzen und hinterfragen, warum Sie so sind, wie Sie momentan sind, werden Sie nie ein Ziel oder eine Veränderung erreichen und nie selbstbewusster werden. Dafür ist es zwingend erforderlich, dass Sie Ihre Vergangenheit hinter sich lassen.

Manche Menschen entwickeln aus Angst ein sogenanntes Abwehrsystem. Andere Menschen haben Komplexe, die sie extrem belasten. Sobald eine negative Erinnerung in uns hochkommt, stürmen sofort Bilder aus unserer Kindheit oder aus der nicht ganz so weit zurückliegenden Vergangenheit auf uns ein.

Wenn jemand zum Beispiel in unserer Nähe ein Feuer entfacht, fürchten wir uns, wenn dies eine frühe Kindheitserinnerung hervorruft, die mit einer negativen Erfahrung verknüpft ist.

Psychologisch betrachtet, erklärt man den Begriff „Komplexe" als eine „Zusammenfassung" frühkindlicher Ereignisse und Entwicklungen, die unser Erwachsenenleben geprägt haben. In manchen Fällen treten dadurch Störungen auf, die einen starken Einfluss auf unsere Denk- und Handlungsweise ausüben.

Hier geht es nicht darum, ob Sie im Laufe Ihres Lebens trotz allem eine positive oder eine negative Einstellung entwickelt haben, sondern viel mehr darum, dass es wesentlich ist, eine gesunde und bewusste Beziehung zu sich selbst herzustellen, und wie uns dies gelingen kann.

Nehmen wir einfach einmal an, Sie wären als Kind bei einer Flug-Show live dabei gewesen. Plötzlich fing der Motor von einem der Flugzeuge Feuer und Sie sahen mit eigenen Augen, wie der Pilot aus dem Flugzeug sprang und versuchte, in der Luft seinen Fallschirm zu öffnen. Allen Zuschauern stockte der Atem und Sie waren in diesem Augenblick zutiefst erschrocken.

Anschließend beobachteten Sie, wie es dem Piloten in der allerletzten Sekunde gelang, seinen Fallschirm zu öffnen, und wie er schließlich auf dem Boden landete, ohne sich schwer verletzt zu haben. Ein Erlebnis wie dieses hat Sie mit Sicherheit geprägt. Wenn Sie einer Ihrer Freunde viele Jahre später zum Fallschirmspringen einladen würde, wäre es also bereits vorprogrammiert, wie Sie auf diese Einladung reagieren würden.

Ein professioneller Fallschirmspringer hat mir einmal gesagt, dass er jedes Mal Angst vor dem Springen hat. Auch beim hundertsten Sprung hat diese Angst noch nicht nachgelassen und nur diese Angst veranlasst ihn dazu, seinen Fallschirm vor jedem Sprung ganz genau zu überprüfen, damit auch wirklich alles in Ordnung ist. Wenn er zu mutig wäre und mit seiner Ausrüstung nachlässig umgehen würde, könnte es seiner eigenen Aussage nach gut möglich sein, dass ihn dies eines Tages sein Leben kostet. Dem stimme ich voll und ganz zu. Erfahrungsgemäß hält uns die Angst oftmals am Leben. Auch vor Spinnen Angst zu haben, ist an sich nicht weiter schlimm.

Es heißt ja noch lange nicht, dass wir unseren Mut nicht an anderer Stelle unter Beweis zu stellen könnten.

Völlig unabhängig davon, ob es sich um positive oder negative Erlebnisse handelt, orientieren wir uns an unseren Erfahrungen und an unseren Gefühlen, an unserer Grundeinstellung und an unserer Betrachtungsweise der Welt. Unsere Vergangenheit bestimmt unseren Charakter. Ob Sie Ihre Vergangenheit für wichtig oder für unwichtig halten, spielt dabei keine Rolle.

Die Antworten auf unsere Fragen von heute liegen nun einmal in unserer Vergangenheit und in unserer Gegenwart führt jede Aktion zu einer entsprechenden Reaktion.

Ich kenne einen Jungen aus meinem Freundeskreis, der grundsätzlich als unpünktlich gilt. Im Erwachsenenalter fragte er sich, warum er seine Aufgaben immer nur auf den allerletzten Drücker erledigt und warum er seine Termine nicht einhalten kann. Um das herauszufinden, musste er sein Leben in seine Kindheit „zurückspulen". In einer außerordentlich gebildeten Familie ist dieser Junge als ein Einzelkind aufgewachsen. Nachdem der Kinderwunsch seiner Familie endlich in Erfüllung gegangen war, galt die gesamte Aufmerksamkeit ausschließlich dem Kind.

Seine Eltern regelten alles für ihn. Den Blicken seiner Mutter entging nicht die geringste Kleinigkeit. Ständig musste sie alles kontrollieren, unter anderem seine Kleidung, seine Freundschaften und seine Hausaufgaben, und sie ließ ihm nie einen Freiraum. Später stellte seine Auflehnung gegen seine Eltern seine erste selbstständige Handlung dar. Von da an setzte er seinen Eltern Grenzen und sie mussten damit aufhören, ihn ständig zu kontrollieren, und ihm endlich Freiräume zugestehen.

Stellen Sie sich selbst die Frage: „Warum bin ich so, wie ich bin?"

Weil jeder Mensch anders ist und weil jeden von uns andere Erlebnisse geprägt haben, lässt sich diese Frage nicht mit einem einzigen, allgemeingültigen Satz beantworten. Zusätzlich spielt die Gesellschaft, in der wir leben, eine wichtige Rolle.

Die falschen Freunde zu haben, Alkohol, Drogen, Enttäuschungen, Perfektion oder das ständige Bestreben, immer nur freundlich sein zu wollen, üben einen stärkeren Einfluss auf unsere Persönlichkeit aus, als viele meinen.

Durch die ständige Wiederholung der Erlebnisse aus Ihrer Vergangenheit können Sie nicht erkennen, was mit Ihnen los ist. Erst dann, wenn Sie innerlich: „Stopp", sagen und wenn Sie Ihre Vergangenheit aufmerksam und konzentriert aus einer ausreichend großen Distanz heraus betrachten, sind Sie dazu in der Lage, herauszufinden, was mit Ihnen nicht stimmt. Dafür müssen Sie sich Ihre persönliche Einstellung und alles, was Sie bisher getan haben, vollkommen ehrlich vor Augen halten. Nach Ausreden für sich selbst zu suchen, wird Ihnen nicht dabei helfen. Um mehr Selbstsicherheit zu erlangen, müssen Sie uneingeschränkt akzeptieren, was aus Ihnen geworden ist.

Ich kann Ihnen schon im Voraus sagen, dass dies nicht einfach sein wird. Selbstverständlich tragen Sie nicht grundsätzlich die Schuld an allem. Manche Probleme lassen sich unmöglich auf einen Schlag lösen, aber es muss ja auch nicht immer alles sofort sein. Andere Ihrer Probleme könnten auch vererbt sein, wie beispielsweise die Angst vor dem Feuer. Seine persönliche Einstellung und seine Gefühle und Gewohnheiten kann man nicht von heute auf morgen umstellen und komplett verändern, machbar ist es aber trotzdem. Sie können es aus eigener Kraft schaffen oder sich dabei helfen lassen. Wenn es Ihnen nicht allein gelingen sollte, Ihre Gewohnheiten zu ändern, können Sie Ihre Freunde, Ihre Familie, Ihre Kollegen, Ärzte, Psychologen oder Experten um Hilfe bitten.

Unsere persönliche Einstellung und unsere Gewohnheiten zu verändern, ist und bleibt machbar. Wir müssen nur den Willen dazu haben.

Wenn Sie zu sich selbst sagen: „Ich will mich verbessern und ich will meine Gewohnheiten verändern", ist das schon einmal ein guter Anfang. Auf die Willenskraft, die Sie dafür aufbringen müssen, komme ich in diesem Kapitel später noch einmal zurück. Denken Sie immer daran, dass es überhaupt nicht schwierig ist, andere um Hilfe zu bitten! Man muss nur den Mut dazu haben und es wagen, andere Menschen, die wirklich helfen können, anzusprechen. Ob es diese Menschen für Geld oder aus reiner Freundschaft tun, spielt hierbei nicht die geringste Rolle. Es kommt einzig und allein darauf an, dass Sie es tatsächlich wollen.

Häufig kommt es vor, dass Menschen andere Menschen nicht um Hilfe bitten, weil sie sich dafür zu fein oder einfach nur arrogant sind.

Dabei weißt doch mittlerweile jeder, dass wir alle in unserem Leben ab und zu einmal Hilfe brauchen. Niemandem bricht ein Zacken aus der Krone, wenn er andere um Hilfe bittet. Es ist keine Schande, den Mut dafür aufzubringen. Ganz im Gegenteil! Trauen Sie sich einfach, es zu tun!

Wichtig ist es doch nur, dass Sie Ihren Zielen Schritt für Schritt näher kommen und dass es Ihnen gelingt, Ihre Pläne in die Tat umzusetzen.

Arbeiten Sie an Ihrer persönlichen Einstellung, um Ihre negativen Verhaltensmuster und Gewohnheiten zu überwinden! Aus Ihrer Vergangenheit können Sie hierfür wertvolle Schlussfolgerungen ziehen.

Ich selbst bin zum Beispiel nach einem lehrreichen Erlebnis in Bezug auf das Thema „Mode-Trends" zu der Schlussfolgerung gelangt, dass ich mich nie wieder von den sogenannten „Mode-Trends" beeinflussen lassen werde und dass ich ihnen ab sofort nicht mehr folge. Durch dieses Erlebnis ist es mir gelungen, meine persönliche Einstellung und mein Verhalten zu verändern und zu verbessern.

Wenn Sie es wirklich wollen, sind Sie dazu in der Lage, Ihre eigene Geschichte zu schreiben. Stellen Sie sich zum Beispiel einmal vor, Ihr Leben wäre eine Schmuckkiste, die Sie immer und überall bei sich tragen. Diese muss nach und nach gefüllt werden, weil sie am Anfang noch vollkommen leer ist. Erst im Laufe der Jahre füllt sie sich mit den Erfahrungen, die Sie gesammelt haben, mit Ihren positiven Gedanken und Leitsätzen und mit den Erinnerungen an die schönsten Ereignisse in Ihrem Leben. Zusammenfassend könnte man also sagen, dass Sie dadurch mehr Vertrauen in sich selbst gewinnen.

Für jeden Menschen ist es gut, positive Leitsätze zu entwickeln und sich damit Mut zuzusprechen, wie zum Beispiel mit den Aussagen: „Ich schaffe das. Ich kriege das hin."

Dass wir alle Fehler machen, gehört auch zu den Erfahrungen, die wir im Laufe unseres Lebens sammeln. Packen Sie die Erinnerungen an Ihre Ausbildung, an Ihr Studium, an Ihre Auszeichnungen, an alles, worüber Sie sich gefreut haben, und an die schönen und lustigen Momente Ihres Lebens mit in Ihre Schmuckkiste! Diese Schmuckkiste soll Ihnen nämlich als Orientierungshilfe dienen und Ihnen für alles, was Sie auf Ihrem weiteren Lebensweg noch erwartet, eine nützliche Ausrüstung mitgeben.

Dadurch wird sich Ihre persönliche Schmuckkiste in allen erdenklichen Situationen des Lebens als außerordentlich hilfreich erweisen und dabei unterstützen. Machen Sie sich dafür bereit, Neues zu erlernen und Ihre Vergangenheit hinter sich zu lassen! Auch Sie besitzen die Fähigkeit, dies zu tun und Ihre bisherigen Erfahrungen sinnvoll einzusetzen.

Schon in der Kindheit bekommt man Sätze zu hören, wie zum Beispiel: „Das kriegst du doch nie hin." Oder: „Aus dir wird nie etwas werden." Sobald Sie diese negativen Leitsätze „verinnerlichen", zweifeln Sie an sich selbst und Sie beginnen, diese negativen Leitsätze für wahr zu halten. Damit binden Sie sich so etwas wie einen „Hinkelstein" auf, den sie gedanklich immer bei sich tragen.

Das heißt, Sie werden sozusagen „nachtragend", was letztendlich Depressionen und noch schlimmere Folgen nach sich zieht.

Dabei möchten Sie doch eigentlich frei sein und sich von Ihren schlechten Gewohnheiten lösen. Deshalb müssen Sie den „Ballast" abwerfen, den Sie bei sich tragen. Wer fortlaufend hört, dass aus ihm nie etwas werden wird, glaubt es irgendwann selbst und lässt sein Handeln negativ davon beeinflussen. Wenn sich solche Meinungen in Überzeugungen verwandeln, die nach einer gewissen Zeit fest verankert sind, werden die negativen Leitsätze zu Ihrer persönlichen Richtschnur, nach der Sie Ihre Maßstäbe setzen. Dadurch machen Sie sich Ihr Leben nur unnötig schwer.

Den Menschen, die auf diese Art und Weise handeln, wird es ihr Leben lang an Selbstsicherheit, Selbstvertrauen und Selbstachtung fehlen.

An dieser Stelle wiederhole ich es noch einmal. Solange Sie Ihr eigenes Fehlverhalten nicht erkennen, werden Sie auch nicht begreifen, wie wertvoll und lehrreich Ihre persönlichen Erlebnisse und Erfahrungen sein können. Wenn Sie in jeder Situation schon beinahe aus Prinzip an sich zweifeln, werden Sie kaum beachtet und nur sehr selten ein Erfolgserlebnis erzielen. Dadurch wird Ihr Selbstwertgefühl natürlich nicht gestärkt, was zu einem Teufelskreis führt, der in Ihrem weiteren Leben ernste psychische Probleme auslösen kann.

Das möchten Sie sich doch garantiert nicht antun.

Demzufolge stellt sich die Frage, was man tun kann, um sich von seinen negativen Empfindungen zu befreien.

Hatten Sie eine traurige, langweilige oder vielleicht sogar schreckliche Kindheit?

Es spielt nicht die geringste Rolle, welche Art der Erziehung und welche Leitsätze Sie in Ihrer Kindheit geprägt haben. Wenn Sie sich auch weiterhin davon beeinflussen lassen, begeben Sie sich freiwillig in eine Endlosschleife und Sie leben und handeln ständig nach demselben Muster.

Vielen Menschen ist es gar nicht bewusst, dass sie nach einem gleichbleibenden Muster handeln. Aus diesem Grund kann ich Ihnen nur dazu raten, sich ganz bewusst an die Schmerzen und Wunden aus der Vergangenheit zu erinnern. Nur dadurch kann es Ihnen in der Gegenwart gelingen, sie dort abzulegen, wo sie hingehören, nämlich in der Vergangenheit.

Es ist mir durchaus klar, dass es nicht immer leicht ist, das Gesagte in die Tat umzusetzen. Dass man die Vergangenheit nicht mehr verändern kann, ist und bleibt nun einmal eine Tatsache. Das heißt aber noch lange nicht, dass Sie deshalb in der Gegenwart und in der Zukunft handlungsunfähig wären. Auch Sie sind dazu in der Lage, die positiven Erfahrungen, die Sie im Laufe Ihres Lebens gesammelt haben, zu nutzen, zu verbessern und sogar zu erweitern.

Lesen Sie zum Beispiel Biografien von berühmten Stars, die in ihrer Kindheit grausame Dinge erlebt haben, deren Leben daran zu scheitern drohte und deren Schicksal dadurch schon fast besiegelt zu sein schien, und lassen Sie sich davon inspirieren! Sie werden sehen, dass es diesen Menschen gelungen ist, sich von ihrer Vergangenheit zu befreien und anschließend beeindruckende Erfolgsgeschichten zu schreiben.

Viele dieser Stories beginnen mit der Beschreibung zerrütteter Familienverhältnisse und führen dennoch zu einem Happy End. Ob am Anfang sexuelle Gewalt, Schläge, die als Argumente gelten sollten, bittere Armut, Missbrauch, eine ständige Überforderung oder eine übertriebene Fürsorge stand, ist hier nicht wirklich wichtig. All diese Menschen haben eines gemeinsam. Sie haben für sich entschieden, dass ihre Zukunft nicht von ihrer Vergangenheit bestimmt werden darf.

Eigentlich wollte ich an dieser Stelle einige berühmte Namen erwähnen, die Ihnen mit hoher Wahrscheinlichkeit bekannt sind. Aus verschiedenen Gründen bin ich letztendlich aber doch zu dem Entschluss gelangt, in diesem Buch keine Namen zu nennen. Dadurch möchte ich Sie ganz bewusst dazu animieren, selbst ein wenig zu recherchieren, um dabei herauszufinden, wer eine schwierige Vergangenheit hatte, sein Leben aber trotzdem auf die richtige Schiene gebracht hat und erfolgreich wurde.

Eine schwierige Kindheit oder Vergangenheit darf niemals zwangsläufig unsere Zukunft bestimmen. Vergessen Sie bitte nicht, dass es immer noch Schlimmeres gibt, als es Ihr Leben jemals war!

Genau aus diesem Grund spielen die positiven Erfahrungen, die Sie in Ihrem bisherigen Leben gemacht haben, eine entscheidende Rolle. Sind Sie besonders netten Menschen begegnet? Besitzen Sie außergewöhnliche Talente, eine überdurchschnittlich hohe Intelligenz oder bestimmte Charakterstärken? Oftmals reicht es schon aus, seine Körperhaltung zu korrigieren und eine aufrechte Haltung anzunehmen, um die Macht der Vergangenheit zu brechen und sie von sich abperlen zu lassen.

Für jedes Problem wird es immer eine Lösung, eine Alternative oder vielversprechende Optionen geben. Im Grunde gibt es in unserem Leben nämlich gar keine Probleme, sondern nur Lösungen. Allein die innere Einstellung, so zu denken und zu handeln, kann schon unendlich viel bewirken.

In vielen Fällen hilft es auch, sich mit netten Menschen, wie beispielsweise mit Freunden oder Kollegen, über Ihre persönliche Lebenssituation zu unterhalten. Falls es in Ihrem näheren Umfeld keine dieser netten Menschen geben sollte, können Sie sich natürlich auch professionelle Hilfe suchen, wie zum Beispiel einen Therapeuten, der mit Ihnen über Ihre Sorgen spricht.

Wenn Sie keine schwierige Kindheit, sondern eher finanzielle Probleme belasten, können Sie bei einer Bank einen Kredit aufnehmen. Schließlich gibt es dort unzählige Angebote für alle erdenklichen Vorhaben, Pläne und Ziele. Zusätzlich bietet Ihnen das Internet heute eine Vielzahl von Möglichkeiten und Optionen, mit denen Sie Ihr Wissen erweitern können. Hier ist die Auswahl scheinbar grenzenlos und sie steht jedem von uns offen.

Mittlerweile haben die meisten Fitnessstudios täglich rund um die Uhr geöffnet, wodurch jeder die Gelegenheit hat, sich aktiv zu entspannen. Wenn Ihnen dies trotzdem nicht möglich sein sollte, gibt es immer noch unzählige Apps oder Video-Trainingskurse, die Sie dabei unterstützen, sich zu Hause fit zu halten. Auch zum Thema Essen bietet sich beispielsweise für jeden Geschmack ein Rezept an, das Sie unbedingt ausprobieren sollten. Wenn Sie lieber auf neue menschliche Kontakte verzichten möchten, schaffen Sie sich ein Haustier an! Ein Haustier zu besitzen, ist ein hervorragendes Heilmittel gegen die Einsamkeit und gibt dem Leben vieler Menschen einen neuen Sinn. Wie Sie es meinen Beispielen entnehmen können, lohnt es sich in jedem Fall, nach einer passenden Lösung für jeden Einzelnen zu suchen und sie zu finden.

Falls Ihnen auf Anhieb nicht sofort etwas einfällt, das Sie gern tun möchten, geben Sie die Suche bitte trotzdem nicht auf! Eines Tages wird jeder haargenau das entdecken, wonach er sich – zunächst vielleicht noch unbewusst – schon ewig gesehnt hat. Um im Leben weiterzukommen, reicht es manchmal schon aus, einfach einmal alles aus einem anderen Blickwinkel heraus zu betrachten. Wenn man vor einer Barriere steht, sollte man ein paar Schritte zurückgehen, um eine Öffnung zu finden. Wo sich eine Tür schließt, öffnet sich an einem anderen Ort gerade eine andere Tür.

Das habe ich selbst erlebt. Deshalb bin ich felsenfest davon überzeugt, dass es in unserem Leben immer eine Chance gibt. Sie müssen Ihre Augen nur weit genug offen halten und den Willen dazu aufbringen, Ihre Chancen zu ergreifen.

Auch wenn Sie bisher immer nur Enttäuschungen erlebt haben, können neue, positive Erfahrungen Ihre Wunden aus der Vergangenheit heilen und die Gegenwart bereichern. Enttäuscht zu werden, ist sowieso nur eine Ansichtssache und eine Frage der Definition.

Wir Menschen werden nahezu ununterbrochen enttäuscht, zum Beispiel von unserer Familie, von unseren Freunden, durch im Internet bestellte Waren oder im Urlaub. Nehmen Sie diese Enttäuschungen nicht zu wichtig! Nutzen Sie sie stattdessen, um daraus zu lernen! Es ist und bleibt eine unumstößliche Tatsache, dass Sie Ihre persönlichen Verhaltensmuster nach Ihren eigenen Wünschen selbst bestimmen können.

Was geschehen ist, ist nun einmal geschehen.

Was in der Vergangenheit liegt, können Sie nicht mehr rückgängig machen. Akzeptieren Sie es einfach! Trotzdem liegt es einzig und allein bei Ihnen, im Hier und Jetzt alles besser zu machen und Ihr Leben umzugestalten. Schließen Sie Frieden mit Ihrer Vergangenheit und ändern Sie Ihre Einstellung für die Zukunft! Dazu ist jeder von uns in der Lage.

Sobald Sie erst einmal eine positive innere Einstellung entwickelt haben, werden Sie schnell bemerken, dass Ihre positive innere Einstellung von Tag zu Tag stärker wird, dass sie in Ihnen eine gewaltige Energie freisetzt und dass sie Sie wesentlich selbstbewusster macht. Die Vergangenheit nur im richtigen Licht zu betrachten, wird Ihnen aber noch nicht wirklich weiterhelfen. Es ist wesentlich, dass Sie gleichzeitig erkennen, was an Ihrer früheren Einstellung falsch war. Damit haben Sie schon einmal einen großen Schritt nach vorn gemacht. Sobald Sie zu der entsprechenden Erkenntnis gelangt sind, dürfen Sie aber nicht stehen bleiben. Wenn Sie tatsächlich etwas verändern wollen, müssen Sie beginnen zu handeln. Wer sein fehlerhaftes Verhalten erkennt, aber nichts dagegen unternimmt, wird garantiert keine Verbesserung erzielen.

Die Vergangenheit zu akzeptieren, bedeutet gleichzeitig, den Glauben an sich selbst und die Hoffnung nie aufzugeben.

In manchen Fällen kommt es vor, dass die Erinnerungen an die Vergangenheit trotz allem noch wehtun. Akzeptieren Sie auch das, damit Sie dadurch keine Kraft verlieren und damit der Schmerz nicht die Oberhand gewinnt!

Wenn Sie nicht anfangen, entsprechend zu handeln, werden Sie Ihr Leben lang ein Opfer Ihrer Vergangenheit bleiben und Ihr Selbstbewusstsein und Ihr Selbstwertgefühl nicht stärken können. Um dies zu verdeutlichen, stellen Sie sich doch einfach einmal einen Kochtopf vor, in dem eine alte, eklige Suppe vor sich hin köchelt, die Sie wieder und wieder neu aufwärmen. Wollen Sie tatsächlich auf diese Art weiterleben? Im Laufe der Zeit wird es Ihnen mit Sicherheit auf die Nerven gehen, Tag für Tag dieselbe Suppe aufzuwärmen. Ich muss ehrlich gestehen, dass ich schon jetzt keine Lust mehr dazu hätte. Wer möchte denn auch sein Leben lang dieselbe Suppe essen? Das kann doch niemand wirklich wollen.

Bildlich gesprochen, werden Sie zwangsläufig blind, wenn Sie sich ausschließlich auf Ihre Vergangenheit konzentrieren.

Dadurch können Sie auch Ihre persönlichen Möglichkeiten nicht mehr wahrnehmen und es wird Ihnen nicht gelingen, Lösungen zu finden.

Sobald Sie damit aufhören, sich immer nur auf Ihre Vergangenheit zu konzentrieren, geschieht aber Folgendes: Sie können endlich damit beginnen, loszulassen und sich von Ihren negativen Gedanken und Emotionen zu befreien.

Im selben Moment wird es nicht mehr nötig sein, zu jammern, von anderen Menschen Mitleid zu erwarten und ständig neue Ausreden zu erfinden. Wenn Sie zunächst erst einmal über Ihr zukünftiges Handeln nachdenken, ist das bereits Ihr erster Erfolg und Sie befinden sich auf dem richtigen Weg zu einer positiveren und besseren Einstellung. Wie Sie ja mittlerweile wissen, fängt jeder Erfolg im Kopf an. Aber wie kann man es schaffen, erfolgreicher zu werden?

Ihren ersten Schritt zum Handeln gewagt zu haben, dürfen Sie für sich schon einmal als ein Erfolgserlebnis verbuchen. Konzentrieren Sie sich nun auf Ihre Ziele und auf das, was Sie in Zukunft zu einem besseren Menschen machen wird! Kümmern Sie sich nur noch um das Wertvolle und Wichtige in Ihrem Leben, in dem Leben, das Sie in Wirklichkeit leben möchten! Das Schönste daran besteht darin, dass Sie augenblicklich damit beginnen können, Ihre negativen Leitsätze in positive Leitsätze zu verwandeln. Unabhängig davon, was auch immer Sie tun wollen, ist es wesentlich, dass Sie sich auf sich selbst konzentrieren und dass Sie ab sofort mehr auf sich selbst achten.

Das hört sich jetzt vielleicht ziemlich egoistisch an und das ist es ja auch beinahe. Der feine Unterschied besteht aber darin, dass es sich hierbei um einen gesunden Egoismus handelt. Wenn Sie nie an sich selbst denken, werden Sie nämlich eines Tages komplett verschwunden sein.

Für uns Menschen ist ein gesunder Egoismus überlebenswichtig. Wie ich es bereits erwähnt habe, geht es hier darum, dass Sie etwas Gutes für sich selber tun und dass Sie sich auch einmal etwas gönnen.

Hierbei spielt es keine Rolle, was Sie sich gönnen. Es kommt einzig und allein darauf an, dass Sie sich etwas gönnen und dass Sie etwas Gutes für sich selber tun.

Bei dem nächsten Thema, über das ich schreiben werde, sollen Sie keine Gewissensbisse bekommen und Sie müssen auch keine Verpflichtungen übernehmen. Dennoch wäre es ratsam, einen Teil Ihrer Gewohnheiten zu verändern, ohne dabei gleich alle Gewohnheiten auf einmal umzukrempeln. Nein, an dieser Stelle meine ich nur die im Laufe der Zeit festgefahrenen, schlechten Gewohnheiten. Zu diesen gehört es zum Beispiel, anderen Menschen nicht zu vergeben und stattdessen ewig nachtragend zu sein. Darauf werde ich gleich noch einmal zurückkommen.

Zunächst möchte ich Ihnen erklären, welche weiteren schlechten Gewohnheiten ich hier anspreche. Bei einer Gewohnheit handelt es sich um etwas, über das wir inzwischen schon längst nicht mehr nachdenken und das wir ganz automatisch ausführen, wie beispielsweise das Zubinden unserer Schuhe oder das Fahrradfahren. Dass wir es tun, ist uns nicht wirklich bewusst, weil es keine Anstrengung mehr erfordert.

Manche Menschen haben die Gewohnheit, abends vor dem Fernseher während der Werbepausen zum Kühlschrank zu laufen und zu „naschen" oder sich sogar „vollzustopfen". Dabei wollen wir uns doch eigentlich ausgewogener ernähren und unser Essen genießen.

Unter anderem zählen das Rauchen, übermäßiges Essen und Trinken, die ständige Beschäftigung mit Videospielen und ein permanenter Schlafmangel zu den Gewohnheiten, die sich nicht auf Anhieb ändern lassen und bei denen es schwierig werden kann, sie umzukrempeln. Hierbei gibt es keine perfekte Einstellung und kein optimales Verhalten, weil unsere Gewohnheiten seit Langem reine „Routine" sind und einen ewigen Kreislauf bilden.

Die meisten unserer Gewohnheiten stehen in einem engen Zusammenhang mit unserer Vergangenheit. Sie wurden durch einen bestimmten Auslöser ins Leben gerufen und haben sich daraus entwickelt.

Beim Frühstück in Maßen Kaffee zu trinken, ist zum Beispiel weder gut noch schlecht. Wenn es zur Gewohnheit wird, passiert erst einmal gar nichts, solange noch genug Kaffee vorhanden ist.

Sobald aber der Kaffee auf dem Frühstückstisch fehlt, zeigt sich die Macht der Gewohnheit. Je länger wir diese Gewohnheit schon haben, desto stärker macht sie sich bemerkbar. Nachdem wir bemerkt haben, dass etwas fehlt, werden wir nervös und ungeduldig und wir fangen an zu nörgeln. Dies führt zwangsläufig zu schlechter Laune und es kommt uns so vor, als ob der ganze Tag dadurch schon im Eimer wäre. In dieser Lage reichen unsere Vernunft und unsere Willenskraft nicht dafür aus, unsere unwillkürliche Reaktion kontrollieren zu können. Morgens beim Frühstück möchten wir nun einmal unseren Kaffee trinken und wenn wir ihn nicht bekommen, fängt der Tag gleich miserabel an.

In Momenten wie diesem können wir mit unserer Willenskraft nicht gegen die Gewohnheit angehen. Obwohl es sicher einen Versuch wert wäre, ist das auch nicht unbedingt erforderlich. Zum Glück gibt es zum Abgewöhnen unserer Gewohnheiten andere hilfreiche Methoden.

Zunächst sollten Sie sich selbst die Fragen stellen, mit welchen Ihrer Gewohnheiten Sie gut leben können und mit welchen nicht und ob es Ihnen tatsächlich gelingen wird, auch ohne Ihre alten Gewohnheiten zurechtzukommen. Wie ich es bereits erwähnt hatte, gibt es an dieser Stelle kein Muss und keinen Zwang, von heute auf morgen gleich alles zu verändern.

Wenn Sie aber den Wunsch dazu verspüren, erweist es sich als sinnvoll, sich im Vorfeld erst einmal mit den Gewohnheiten auseinanderzusetzen, die Sie verändern möchten, um ihren Auslöser zu finden.

Durchleuchten Sie Ihre Gewohnheiten, die Sie selbst stören! Verschaffen Sie sich Klarheit darüber, um welche es hierbei geht! Mit den entsprechenden Techniken lassen sich alte Gewohnheiten tatsächlich abstellen und verändern.

Suchen Sie nach Kompromissen und bilden Sie Sätze, ohne das Wort „nicht" zu verwenden! Diese Methode hat sich an der Stelle bereits vielfach bewährt.

Sätze, wie zum Beispiel: „Ich werde von jetzt an weniger essen", oder: „Ich werde mich gesünder ernähren", bewirken weitaus mehr, als zu sagen: „Ich will nichts Fettiges mehr essen. Ich will weniger oder gar keinen Alkohol mehr trinken. Ich will nicht mehr so dick sein."

Formulieren Sie Ihren guten Vorsatz am besten so: „Ich werde in Zukunft mehr Sport treiben." Mit dem Satz: „Ich will nicht mehr dick sein", deuten Sie an, dass Sie es vielleicht schon sind. Mit der Aussage: „Ich werde in Zukunft mehr Sport treiben", versprechen Sie sich stattdessen selbst, dass Sie etwas tun werden. Damit fassen Sie Ihr zukünftiges Handeln in Worte, die im Widerspruch zum derzeitigen Zustand stehen.

„Ich bin so furchtbar unglücklich." Nein! Viel besser wäre es, dieses Gefühl so auszudrücken: „Ich will mehr Freude im Leben haben", oder: „Ich will frei sein."

Eine anderes Beispiel zum Festhalten an alten Gewohnheiten beginnt mit dem Satz: „Bei einem Glas Bier kann ich wunderbar entspannen." Erwähnen Sie stattdessen besser Ihre neue Gewohnheit: „Ich entspanne mich beim Sport oder bei Yoga-Übungen."

Wenn man oft nervös ist und gelassener werden möchte, empfiehlt es sich, anstatt nach einer Zigarette zu greifen, besser seine Lieblingsmusik zu hören oder einfach einen Kaugummi zu kauen. Zur Veränderung unserer Gewohnheiten gibt es immer mehrere Möglichkeiten, die sich auch miteinander verbinden lassen. Werfen Sie den Anker aus, gestatten Sie sich selbst spirituelle Auszeiten und verändern Sie Ihre Strategien, um auf andere Gedanken zu kommen! Letztendlich handelt es sich hierbei um eine reine Kopfsache.

Verhalten Sie sich konsequent und behalten Sie Ihre neuen Gewohnheiten bei, bleiben Sie auch weiterhin am Ball und lassen Sie sich nicht beirren! Erwarten Sie auf Anhieb keine Wunder, sondern stellen Sie sich darauf ein, an jedem neuen Tag kleine Erfolge zu erzielen! Geben Sie nicht auf und suchen Sie nach den Auslösern für Ihre alten Gewohnheiten, damit Sie sie abstellen und verändern können! Denken Sie immer daran, dass sich nur die Gewohnheiten verändern lassen, deren Ursache Sie durchschaut haben!

Um herausfinden zu können, was Sie tatsächlich verändern möchten, müssen Sie absolut ehrlich zu sich selbst sein. Nennen Sie Ihre Ziele beim Namen und lassen Sie nicht zu, dass Ihr „innerer Schweinehund" die Oberhand gewinnt, der in unserem Unterbewusstsein herumschwirrt und unsere alten Gewohnheiten mit strategischem Geschick gegen uns einsetzt!

Sein Ziel besteht darin, unsere alten Gewohnheiten aufrechtzuerhalten und keine Veränderungen zuzulassen. Aber nicht mehr mit Ihnen! Damit ist jetzt endgültig Schluss!

Ihrem „inneren Schweinehund" begegnen Sie täglich morgens im Spiegel, wenn Sie sein Gesicht waschen und die Zähne putzen. Ja, damit meine ich Sie und nicht Ihren Lebenspartner, der vielleicht zufällig gerade neben Ihnen steht und sich auch die Zähne putzt. Sie allein sind dafür verantwortlich und es liegt einzig und allein bei Ihnen, Ihre persönlichen Gewohnheiten zu verändern. Außer Ihnen kann das niemand tun. Lernen Sie, mit Ihren inneren Konflikten umzugehen und sich von den alten Gewohnheiten zu lösen, die Ihnen inzwischen selbst auf die Nerven gehen! Kämpfen Sie genau so dagegen an, wie Sie es bereits in Bezug auf den „Stress" getan haben!

Jeder von uns kennt die folgende Situation. Wenn man von seinem Vorgesetzten eine Aufgabe bekommt, erledigt man diese sofort und ohne Wenn und Aber. Sobald es aber um uns selbst geht und wir unsere eigenen Aufgaben zu erledigen haben, schieben wir sie nur allzu gern vor uns her. Ohne die entsprechende Motivation und den inneren Antrieb wird es uns nie gelingen. Deshalb rate ich Ihnen dazu, sich bei Ihren Aufgaben immer auf das Positive zu konzentrieren. Nachdem Sie Ihre Aufgaben gewissenhaft erledigt haben, können Sie mit gutem Gewissen eine Pause einlegen. Erst die Arbeit, dann das Vergnügen! So lautet die Devise.

Genauso verhält es sich auch bei Kindern. Im Anschluss an die Erledigung ihrer Hausaufgaben dürfen sie sich mit ihren Hobbys beschäftigen. Das Positive beim Erledigen unserer Aufgaben ist die Tatsache, dass wir etwas dazulernen und neue Erfahrungen sammeln, was uns gleichzeitig selbstsicherer macht und was uns unsere zukünftigen Handlungen erleichtert. Je öfter Sie eine bestimmte Aufgabe ausführen, desto schneller wird diese Art von Aufgaben für Sie zur Routine, für die Sie sich kaum noch anstrengen müssen.

Planen Sie so oft und so gut, wie es nur geht, im Voraus! Achten Sie darauf, immer und überall einen Terminplaner bei sich zu haben! Tragen Sie Ihre Pläne und Vorhaben darin ein!

Pläne zu schmieden, bringt wesentlich mehr Vorteile mit sich, als planlos durch die Welt zu irren. Bleiben Sie in Bezug auf Ihre Pläne und Ihre Ziele aber bitte realistisch!

Wer morgens zur Arbeit, zur Universität oder zur Schule geht, direkt danach Sport treibt, anschließend ein Buch liest und später noch weiter lernen möchte, wird auf Dauer versagen und sich nur selbst fertigmachen. Verlangen Sie nicht zu viel auf einmal von sich selbst und gestalten Sie Ihre Pläne stattdessen flexibel! Treiben Sie beispielsweise an bestimmten Tagen der Woche Sport und reservieren Sie die anderen Tage für das Anschauen Ihrer Lieblingsserie, für das Lesen oder für andere Freizeitaktivitäten! Wie Sie sich Ihre Zeit optimal einteilen, ist vor allem eine Frage der Planung und der entsprechenden Routine.

Natürlich läuft nicht immer alles so, wie Sie es geplant haben. Dafür kann es viele verschiedene Gründe geben. Streben Sie bei Ihrer Planung nicht nach vollendeter Perfektion! Ausnahmslos alle Stunden, Tage, Wochen und Monate in einen perfekten Plan zu integrieren, bringt Ihnen am Ende nicht viel. In der Praxis läuft es nun einmal anders als in der Theorie. Fangen Sie einfach damit an! Nur die Übung macht den Meister, lautet das altbekannte Sprichwort.

Wir Menschen lieben es, uns für unsere Erfolge selbst zu belohnen. Unabhängig davon, welche Belohnung Sie sich aussuchen, sollten Sie es aber besser nicht übertreiben. Dass man sich im Anschluss an eine erfolgreiche Präsentation oder an ein halbstündiges, intensives Training am liebsten auf seinen „Lorbeeren" ausruhen möchte, ist zwar verständlich, deshalb aber direkt in ein Restaurant einer der bekannten Fast-Food-Ketten zu stürmen, um sich dort einen Burger zu genehmigen, wird Sie wohl kaum erfolgreicher machen.

Bleiben Sie immer ehrlich zu sich selbst! Natürlich kann man alles schönreden, man kann aber genauso schnell alles schlechtreden, was das, was eben noch enorm wichtig war, im Handumdrehen abwertet.

Wir Menschen sind so gut darin, uns selbst zu belügen, dass wir manchmal nicht einmal bemerken, dass wir es gerade tun. Achten Sie stets darauf und machen Sie es sich bewusst, wenn Sie sich das nächste Mal selbst belügen!

Um Ihren „inneren Schweinehund" besiegen zu können, müssen Sie dagegen ankämpfen. Laufen Sie nicht davon und stellen Sie sich Ihren Aufgaben! Vergessen Sie nie, dass jede bewältigte Aufgabe ein Erfolgserlebnis darstellt und dass Sie mit der steigenden Anzahl der bewältigten Aufgaben immer besser werden! Demzufolge lohnt es sich, seinen „inneren Schweinehund" zu besiegen.

Auf den folgenden Seiten möchte ich mich mit zwei Begriffen auseinandersetzen, die bestimmte Gefühle beschreiben und die sehr eng miteinander verbunden sind – Vergeben und Verzeihen. Obwohl sie vieles gemeinsam haben, unterscheiden sie sich voneinander.

Deshalb werde ich diese beiden Begriffe erst einmal erklären und mich damit beschäftigen, wofür diese Empfindungen sinngemäß stehen. Viele Menschen verwechseln diese beiden Begriffe miteinander und mancher begreift gar nicht, wie wichtig es für uns selbst sein kann, einem anderen Menschen zu vergeben oder ihm zu verzeihen. Wer extrem nachtragend ist, kann anderen nur sehr schwer oder überhaupt nicht vergeben und verzeihen. Dabei ist es von entscheidender Bedeutung, sich selbst vergeben zu können, um die seelische Last, die man mit sich herumschleppt, wieder loszuwerden.

Auch mir ist es nicht leichtgefallen, mir mit viel Übung die Fähigkeit anzueignen, mir selbst und anderen vergeben zu können.

Zu den wesentlichen Grundvoraussetzungen hierfür gehört es, sich zunächst von der Vergangenheit zu lösen, um sich selbst von ihr zu befreien.

Ich kann Ihnen nur dazu raten, die Vergebung zu erlernen. Wer nicht vergeben kann, wird sich sein ganzes Leben lang in der Rolle des Opfers sehen und immer etwas außerordentlich Belastendes mit sich herumschleppen. Um dies zu verdeutlichen, können Sie sich zum Beispiel den „Hinkelstein" aus dem bekannten Comic vorstellen, den man ununterbrochen auf seinem Rücken trägt. Wollen Sie sich das tatsächlich antun? Ich denke, wohl eher nicht. Selbstverständlich kann ich die Menschen verstehen, denen etwas Schreckliches angetan wurde oder die etwas besonders Schlimmes erlebt haben, wie beispielsweise diejenigen, die von ihren Eltern geschlagen oder von ihren Mitschülern oder Arbeitskollegen gemobbt wurden, oder diejenigen, die in ihrem Leben viel zu wenig Liebe erfahren haben.

128

Wie kann man denen vergeben, die einem etwas angetan haben, wie zum Beispiel den Eltern, die einen nur wegen einer schlechten Schulnote mit mehreren Stunden, Wochen oder sogar Monaten Hausarrest bestraft haben? Zu diesem Thema gibt es unzählige Beispiele. Wir alle haben unterschiedliche Situationen erlebt, in denen der Entschluss, einem anderen nicht zu vergeben, durchaus verständlich ist. Sobald Sie diesem anderen Menschen aber trotzdem vergeben und seine Handlungen entschuldigen, tragen Sie die daraus entstandene Last nicht mehr länger mit sich herum und Sie können endlich loslassen.

Wenn Sie meinen, dass Sie einem Menschen nicht vergeben können, verstehen Sie vielleicht nicht, was dieses Wort in Wirklichkeit bedeutet und wofür es steht. Viele behaupten: „Ich kann zwar vergeben, aber nicht vergessen." Dies ist natürlich berechtigt.

In diesem Fall können Sie sich an die Erlebnisse in Ihrer Vergangenheit erinnern, sie aber mit anderen Gefühlen betrachten und dafür sorgen, dass sie sich in der Zukunft nicht wiederholen.

Das Beste an der Vergebung ist der Vorteil, dass Sie mit der betreffenden Person kein Gespräch führen müssen, um ihr oder ihm zu vergeben.

Hier geht es einzig und allein um Sie selbst und um Ihre eigene Befreiung von Ihren negativen Gefühlen. Aus diesem Grund ermöglicht es uns die Vergebung, inneren Frieden zu finden, sobald wir nicht mehr nachtragend sind und unsere Einstellung unserer Vergangenheit gegenüber geändert haben. Genau hier liegt der hauptsächliche Unterschied zwischen dem Vergeben und dem Verzeihen.

Verzeihen können wir sehr vieles. Zum Beispiel fällt es uns leicht, jemandem zu verzeihen, der zu spät zu einem vereinbarten Treffen erschienen ist, einem Menschen zu verzeihen, der uns angelogen hat, oder jemandem zu verzeihen, der uns versehentlich angerempelt hat.

Beim Verzeihen handelt es sich um einen Austausch. Wenn uns jemand um Verzeihung bittet, können wir diesem Menschen verzeihen. Im Vergleich hiermit müssen wir die Vergebung im Alleingang bewältigen, während wir uns auf einer Art Einbahnstraße befinden. Vergeben können wir nämlich, ohne dass ein anderer es mitbekommt. Davon muss niemand etwas erfahren.

Die Vergebung stellt unseren persönlichen „Schlüssel" zur Freiheit dar. Nachtragend zu sein, macht uns selbst zu Gefangenen, die nur die Vergebung befreien kann. Wer dazu in der Lage ist, anderen Menschen zu vergeben, tut etwas Gutes für seine eigene Seele und stärkt seinen Geist und seine Psyche. Diese Tatsache werden Ihnen die Psychologen bestätigen, die jahrelang Patienten behandelt haben, die nicht vergeben konnten.

Die Erfahrungen, die sie dabei gewonnen und gesammelt haben, führen beispielsweise zu der Schlussfolgerung, dass die Menschen, die niemandem vergeben können, wesentlich schneller krank werden als die Menschen, die diese Fähigkeit besitzen und die sich eindeutig gesünder fühlen und sich in einer besseren körperlichen Verfassung befinden. Demzufolge lebt derjenige, der vergeben kann, unbeschwerter und länger. Wer gesund werden und bleiben möchte, darf sich nicht ausschließlich auf seinen Körper konzentrieren. Mindestens ebenso wichtig sind dabei seine Gedanken.

Ich selbst habe es gelernt, anderen Menschen zu vergeben.

In meinen jüngeren Jahren hatte ich diese Fähigkeit noch nicht. Stattdessen entwickelte ich gegen die Menschen, die mir etwas angetan hatten, eine starke Abneigung. Diese Abneigung empfand ich sogar meinen eigenen Eltern gegenüber, die mich in meiner Kindheit so behandelten, wie man es von der „alten Schule" her kennt.

Wenn ich wieder einmal Mist gebaut hatte, gab es Hausarrest, Standpauken oder Schläge, wodurch ich ein braves und gehorsames Kind werden sollte. Weil ich als Kind manchmal wirklich zu frech war, gebe ich heute offen zu, dass ich es wahrscheinlich verdient hatte, dass mir die Ohren lang gezogen wurden. Später begann ich dann, nach und nach zu begreifen, dass es nicht viel bringt, sich den eigenen Eltern gegenüber so aufmüpfig zu verhalten.

Also musste ich mir sehr viel Geduld und Ausdauer antrainieren und es lernen, anderen Menschen vergeben zu können. Heute kann ich zurückblickend sagen, dass mich meine Eltern gut und angemessen erzogen haben. Trotzdem hätte meine Kindheit natürlich auch besser oder schlechter sein können.

Wenn ich darüber nachdenke, sage ich mir jedes Mal: „Es gibt wesentlich Schlimmeres im Leben, als deine Kindheit es jemals war."

Zum Glück habe ich frühzeitig herausgefunden, aus welchem Grund mich meine Eltern so behandelt haben.

Ihre Kindheit war nämlich auch nicht besser als meine. Auch sie wurden so erzogen und dachten später wahrscheinlich: „Was bei uns funktioniert hat, klappt bestimmt auch bei unseren Kindern."

Zu vergeben bedeutet eben gleichzeitig, verstehen zu lernen, um die Dinge aus dem richtigen Blickwinkel heraus betrachten zu können. Während Sie an Ihre eigene Kindheit denken, sollten Sie sich fragen, wie die Kindheit Ihrer Eltern war, und sich mit den damaligen Umständen vertraut machen. Wenn Sie die Möglichkeit dazu haben, stellen Sie Ihren Eltern die Frage, wie sie ihre Kindheit erlebt haben! Wenn die älteren Verwandten und Bekannten Ihrer Eltern noch leben, fragen Sie sie, wie Ihre Eltern früher waren!

Bei der Vergebung handelt es sich oftmals um einen langwierigen Prozess. Ich hatte das Glück, meine Mutter und meinen Vater fragen zu können, wie ihr Leben damals aussah, welche Verhältnisse zu dieser Zeit herrschten und welche Perspektiven sie in ihrer Kindheit hatten.

Kurz gesagt ging es um die Frage, was meine Eltern zu den Menschen gemacht hat, die sie heute sind. Warum haben sie in bestimmten Situationen so und nicht anders gehandelt?

Ich wollte auch die andere Seite der Medaille sehen und die Wahrheit über meine Eltern erfahren. Dadurch konnte ich mir einen Einblick in ihre Vergangenheit verschaffen und mich durch ihre Erzählungen in sie hineinversetzten. Dabei stellte ich fest, dass die Kindheit meiner Eltern noch wesentlich schlimmer war als meine. Im Vergleich mit der Kindheit meiner Eltern war meine ja fast schon traumhaft gewesen.

Schon sehr früh mussten meine Eltern im Haus meiner Großeltern kräftig mit anpacken. „Wenn wir nicht schnell genug gearbeitet haben, gab es Schläge von deinem Opa", erzählte mir mein Vater. Darunter litt natürlich auch die Schulbildung und meine Eltern hatten nie die Chance, einen vernünftigen Schulabschluss zu bekommen.

In der Region, in der sie damals lebten, hätten sie sowieso keine Möglichkeit dazu gehabt, weil meine Großeltern kein Auto besaßen, die nächste Schule fünfzig Kilometer weit entfernt war und es zu der Zeit noch keine Schulbusse gab. Außerdem waren die Schulgebühren ziemlich hoch und für Familien in der damaligen Zeit nahezu unbezahlbar.

Hinzu kommt noch, dass meine Eltern in keine friedliche Zeit hineingeboren wurden. Aufgrund der politischen Umstände mussten sie Kriege und Aufstände miterleben. Erst durch diese Erkenntnisse wurde es mir bewusst, dass meine Eltern alles andere als eine glückliche Kindheit gehabt hatten.

Später, als meine Eltern geheiratet hatten, fassten sie den Entschluss, gemeinsam auszuwandern und damit ein neues Kapitel aufzuschlagen, um sich ein besseres Leben aufzubauen. Sie verließen ihre Heimat mit einem Reisekoffer mit ein paar Kleidungsstücken und ließen alles andere hinter sich zurück.

Glücklicherweise gelang es ihnen, in Deutschland schnell Fuß zu fassen. Sie fanden schon sehr bald Arbeit und lebten sich ein.

Jetzt, liebe Leser, kommen wir zu einem der hauptsächlichen Gründe dafür, dass ich dieses Buch geschrieben habe, und zu einem der meiner Meinung nach schwerwiegendsten Punkte.

Im Vergleich mit meinem eigenen Leben war das Leben meiner Eltern wesentlich schwieriger und härter. Das begriff ich erst, nachdem sie mir ihre Lebensgeschichte erzählt hatten.

Meine Eltern hatten keine richtige Schulbildung, keine Berufsausbildung und nicht viel Geld und sie wurden in unsichere Kriegszeiten hineingeboren. Trotz dieser extrem schwierigen Ausgangssituation ist es meinen Eltern gelungen, später ein gutes Leben zu führen.

Sie haben drei Kinder großgezogen und ein Haus gekauft und sie hatten immer einen festen Arbeitsplatz. Niemals beschwerten sie sich und sie jammerten auch nicht darüber, wie hart und schwer ihr Leben manchmal war. Ganz im Gegenteil! Mit dem Ziel vor Augen, sich ein schöneres und besseres Leben aufzubauen, brachten sie die Willenskraft dafür auf, ihre Träume zu verwirklichen.

Zu den Dingen, die ich an meinen Eltern am meisten bewundere, gehört die Tatsache, dass sie sich nie über den Stress beklagt haben. Ihnen war es wichtiger, Gott für ihr besseres Leben zu danken, als sich selbst zu bemitleiden.

Wenn ich meine Kindheit mit der meiner Eltern vergleiche, denke ich: „Oh, Mann, wie um Himmelswillen konnte ich mich denn bloß so anstellen?" In Wirklichkeit ging es mir doch immer gut und trotzdem jammerte ich ständig über alles, was mir an meinem Leben nicht gefiel. Im Gegensatz zu meinen Eltern besaß ich alles, was sie früher nie gehabt hatten, wie beispielsweise eine gute Schulbildung, eine Ausbildung und einen Führerschein. Ich hatte ja sogar ein eigenes Kinderzimmer, das ich nicht mit meinen Geschwistern teilen musste.

Es ging mir auch nicht hauptsächlich um die materiellen Dinge, sondern viel mehr um die schlechten Gewohnheiten und die negativen Gefühle, die ich früher in mir trug. Vom Beginn meines Lebens an hatte ich wesentlich mehr Handlungsfreiheit als meine Eltern.

Sollte ich also tatsächlich ernsthaft über das Thema „Stress" und über andere unsinnige Dinge nachdenken? „Nein, danke, nicht mit mir!", habe ich beschlossen. „Das hört jetzt endgültig auf und hat ab sofort ein Ende." Noch im gleichen Moment fasste ich den Entschluss, meinen Eltern zu vergeben und mein eigenes Leben zu verbessern. Damit warf ich auch den Ballast ab, den ich schon viel zu lange mit mir herumgeschleppt hatte.

Seitdem konzentrierte ich mich in meinem Leben nur noch auf die wirklich wichtigen Dinge, auf das, was noch vor mir liegt, und auf alles, was ich noch erreichen will und kann.

„Von jetzt an lasse ich nur noch meine Taten für mich sprechen", entschied ich für mich selbst.

Mit dieser Entscheidung hatte ich einen der bedeutendsten Wendepunkte meines Lebens erreicht, was mir gleichzeitig als Ansporn dafür diente, dieses Buch zu schreiben, um es anschließend zu veröffentlichen.

Dass ich so viel über die Vergangenheit meiner Eltern erfahren hatte, verlieh mir mehr Mut, Selbstvertrauen und Zuversicht und den Willen, beim Schreiben meines Buches auch tatsächlich bis zum Ende durchzuhalten.

Um mit sich selbst Frieden schließen zu können, muss man zuerst seine Vergangenheit hinter sich gelassen haben. Ebenso wichtig ist es, seine eigenen Eltern nicht mehr aus einem negativen Blickwinkel heraus zu betrachten.

Hierbei handelt es sich natürlich nur um ein Beispiel. An der Stelle der Eltern könnten auch andere Menschen stehen, die in Ihrem Leben eine bedeutende Rolle gespielt haben und denen Sie vergeben müssen, um nicht mehr länger nachtragend zu sein.

Im Grunde möchten alle Eltern gute Eltern sein. Die Erinnerung an die Erfahrungen in ihrer eigenen Kindheit veranlasst sie aber manchmal dazu, das weiterzugeben, was sie durch die Erziehungsmethoden ihrer Eltern erlebt haben. Wenn Eltern ihren Kindern in irgendeiner Art und Weise schaden, kann man davon ausgehen, dass sie in ihrer eigenen Kindheit ähnlich behandelt wurden und dass sie die Erlebnisse aus ihrer Vergangenheit unbewusst weitergeben.

Falls Sie selbst Kinder erziehen oder dies irgendwann tun möchten, sollten Sie alles daransetzen, diesen Teufelskreis zu durchbrechen. Als Kind wäre jeder maßlos überfordert, wenn er sich in die Lage seiner Eltern hineinversetzen sollte. Als Erwachsene sind wir aber dazu fähig.

Solange Sie kein Verständnis für Ihre Eltern oder für andere Menschen zeigen und solange sie ihnen nicht vergeben können, werden Sie die Mauern, die Sie selbst um sich herum errichtet haben, nie durchbrechen. Sobald Ihnen dies aber gelingt, werden Sie eine grenzenlose Erleichterung verspüren. Auch, falls Sie Ihren Eltern oder anderen Menschen nicht ausdrücklich zeigen möchten, dass Sie ihnen vergeben haben, werden Sie trotzdem mit sich selbst im Einklang sein und ein besseres Leben führen. Wer nicht mehr nachtragend ist und den Ballast der vergangenen Jahre abgeworfen hat, ist endlich frei.

An dieser Stelle möchte ich Sie noch einmal mit Nachdruck darauf hinweisen, dass Sie sich selbst keinen Gefallen tun, wenn Sie ständig über Ihre Vergangenheit nachdenken. Was es bedeutet, nachtragend zu sein, werde ich jetzt anhand einer kurzen Geschichte verdeutlichen.

Die beiden Mönche Tobias und Mirco wollten einen Fluss überqueren. Dabei begegneten sie einer jungen Frau, die diesen Fluss ebenfalls überqueren wollte, der aber der Mut dazu fehlte.

Aufgrund ihres Glaubens war es den Mönchen nicht gestattet, mit dem anderen Geschlecht zu sprechen. Deshalb ergriff der Mönch Tobias, ohne erst lange darüber nachzudenken, die junge Frau und trug sie auf seinen Armen über den Fluss, um ihr zu helfen. Nachdem er sie auf der anderen Seite des Flusses wieder abgesetzt hatte, ging er einfach weiter. Daraufhin blieb der Mönch Mirco zunächst für eine Weile stumm, bis er das Schweigen nicht mehr länger ertragen konnte und den Mönch Tobias fragte: „Was hast du da gerade eben denn bloß getan? Was hast du dir denn nur dabei gedacht, diese Frau einfach so anzufassen, um sie ans andere Ufer zu tragen?" Der Mönch Tobias blieb völlig gelassen und antwortete: „Ich habe sie am Fluss zurückgelassen. Anscheinend trägst du sie aber immer noch bei dir."

Was soll diese Geschichte zum Ausdruck bringen? Genauso wie in der Geschichte tragen wir Menschen alle etwas bei uns, das unserer Vergangenheit angehört und das in unserer Gegenwart nichts mehr zu suchen hat.

Wenn wir uns mit Dingen beschäftigen, die schon vor langer Zeit geschehen sind, verschwenden wir nur wertvolle Zeit und Energie.

Manche Menschen scheinen permanent in der Vergangenheit zu leben. Immer und immer wieder wärmen sie das längst Geschehene auf, während sie darüber jammern, wie schlimm das alles war. Es kommt einem beinahe so vor, als ob diese Menschen ihre „Schmerzen" dabei jedes Mal erneut durchleben wollten. Stattdessen sollten sie besser die Lehren aus ihrer Vergangenheit ziehen, damit sich ihre negativen Erfahrungen nie mehr wiederholen.

Nur, weil sie es zulassen, verliert die Vergangenheit dieser Menschen nichts von ihrer Macht, wodurch sie ihr Leben bis in die Gegenwart hinein beeinflusst. Dass dies geschieht, dürfen wir auf gar keinen Fall zulassen.

Denken Sie bitte immer daran, dass Sie in Ihrem Leben immer und überall eine Wahl haben!

Ob Sie ein Opfer bleiben oder ob es Ihnen gelingt, sich aus dieser misslichen Lage zu befreien, liegt einzig und allein bei Ihnen. Kein Mensch auf dieser Welt kann von sich selbst behaupten, dass er noch nie eine schlechte Erfahrung gemacht hat. Trotzdem ist niemand von uns seiner Vergangenheit hilflos ausgeliefert.

Nehmen Sie Ihr Leben in Ihre eigenen Hände und fangen Sie an, entsprechend zu handeln!

Ihr Leben zu verändern und es zum Besseren zu wenden, ist zu jeder Zeit möglich. Sie müssen es nur wollen. Dafür brauchen Sie nichts weiter als viel Mut und Geduld. Einige unserer Vorhaben lassen sich sofort in die Tat umsetzen. Bei anderen dauert es etwas länger, was vor allem an den alten Gewohnheiten liegt, die sich nicht von heute auf morgen verändern lassen. Wenn Sie es wirklich wollen und wenn Sie den dafür erforderlichen Mut und die nötige Geduld aufbringen, ist es dennoch möglich.

Wir können den Wind nicht kontrollieren, aber wir können die Segel entsprechend ausrichten. Wir haben keine Macht über die Wellen, aber wir können lernen, auf ihnen zu surfen.

Bevor Sie sich Ihre nächste Handlung vornehmen, sollten Sie sie planen und einen sogenannten „roten Faden" ausarbeiten, der Ihnen den Weg zu Ihrem Ziel aufzeigt. Fangen Sie mit positiven Leitsätzen an! Zunächst ist das zwar nur Theorie, es hilft Ihnen aber trotzdem dabei, den ersten Schritt in die richtige Richtung zu gehen. Planen Sie sorgfältig, was Sie tun möchten, und stellen Sie sicher, dass Sie sich immer klar definierte Ziele setzen! Denken Sie im Vorfeld darüber nach, was Sie wollen und wie Sie es erreichen können! Wer seine eigenen Ziele nicht kennt, macht es sich nur unnötig schwer. Je klarer Sie Ihr Ziel vor Augen haben und je detaillierter Sie es sich vorstellen, desto leichter wird es Ihnen fallen, Ihre Ziele zu verwirklichen. Konzentrieren Sie sich darauf, wie Sie Ihre Ziele erreichen können, und stellen Sie sich so gut wie möglich vor, wie das Ergebnis am Ende aussehen könnte!

Achten Sie gleichzeitig auf alle eventuellen Hindernisse, die Sie auf Ihrem Weg zum Ziel berücksichtigen und gegebenenfalls erst einmal aus der Welt schaffen müssen!

Verlieren Sie nie Ihren „roten Faden" aus den Augen, der Sie von Ihrem guten Vorsatz bis zur Verwirklichung führt!

Fördern Sie sich selbst und investieren Sie in sich selbst, in Ihre Bildung oder in die Ausrüstung, die Sie benötigen, um Ihrem Ziel Stück für Stück näher zu kommen! Gut gerüstet zu sein, erweist sich in jeder Situation als wesentlich besser, als auf einmal völlig nackt auf einem Spielfeld zu stehen.

Je erstrebenswerter und je detaillierter Ihre Ziele sind, desto leichter wird es für Sie werden, den Willen aufzubringen, Ihre Ziele in die Tat umzusetzen.

An dieser Stelle möchte ich Sie darüber informieren, dass ich in diesem Kapitel von hier an den Begriff Ziel verwenden und meine Aussagen dazu allgemein halten werde, anstatt näher auf alle erdenklichen individuellen Ziele einzugehen.

Jeder von uns setzt sich andere Ziele, die sich beispielsweise auf seine persönliche Einstellung, auf materielle Dinge oder auf seine Träume beziehen.

Dabei liegt es bei uns selbst, wie wir mit unseren Zielen umgehen und welche Entscheidungen wir treffen.

Unsere Ziele müssen nicht immer gleich etwas Weltbewegendes sein. Zum Beispiel stellt es auch ein Ziel dar, sich dazu zu entschließen, in Zukunft mehr Sport zu treiben oder sein Gewicht zu reduzieren. Alles, was man selber möchte, kann man sich als Ziel vor Augen halten. Hierbei ist es von entscheidender Bedeutung, dass wir selbst wirklich Wert darauf legen, dass wir uns darüber im Klaren sind, was wir tatsächlich wollen, und dass unsere Ziele mit unseren Gefühlen im Einklang stehen.

Wenn Ihr Bauchgefühl Ihnen zu etwas anderem rät, müssen Sie sich manchmal trotzdem in Bewegung setzen. Versuchen Sie, Ihre Ziele als Ihre persönliche „Mission" zu betrachten! Die für die Verwirklichung Ihrer Ziele erforderliche Kraft wird Ihnen Ihre positive Motivation verleihen.

Ihre Ziele können Sie durch Ihre eigenen Fähigkeiten oder mit der Hilfe anderer Menschen in die Tat umsetzten. Ob Sie sich bereits bestimmte Ziele gesetzt haben oder ob Sie noch nach einem lohnenden Ziel suchen, spielt im Grunde keine Rolle. Es kommt einzig und allein darauf an, dass Sie mit Ihren Zielen zufrieden sind und dass sie für Sie einen entsprechenden Wert besitzen.

Zwischen den Zielen und den Werten gibt es einen kleinen Unterschied. Einen Wert kann man nicht erreichen. Im Vergleich damit stellen die Ziele so etwas wie eine Richtschnur dar, an der wir uns orientieren, um das zu erreichen, was wir wollen und was sich in den Werten widerspiegelt. Die Werte ergeben sich aus unserem Handeln und bilden die Gesamtheit unserer persönlichen Statussymbole.

Wenn Sie materielle Dinge kaufen, wie beispielsweise eine teure Luxus-Uhr oder ein hübsches Abendkleid, spielt es eine zentrale Rolle, dass Sie diese Werte als „schön" einstufen. Bei diesen Werten muss es sich aber nicht zwangsläufig um Luxusgüter handeln.

Unsere persönliche Einstellung und unsere Charaktereigenschaften, wie zum Beispiel unsere Bescheidenheit, unsere Individualität, unsere Leistung oder unsere innere Stärke, gehören ebenfalls zu den Werten, die unser Leben bereichern.

Obwohl die individuellen Werte für jeden Menschen enorm wichtig sind, fällt es uns manchmal nicht leicht, unsere Werte in Worte zu fassen. Können Sie Ihre persönlichen Werte benennen?

Machen Sie sich Ihre Werte bewusst und treffen Sie die Entscheidung, welche Werte für Sie wichtig sind und welche für Sie keine Bedeutung besitzen! Es gibt zwei Arten von Werten – diejenigen, die wir außer Acht lassen, und diejenigen, nach denen wir streben.

Wenn Sie sich Ihren Freunden gegenüber immer hilfsbereit verhalten, zählt dies beispielsweise zu Ihren persönlichen Werten. Sobald einer Ihrer Freunde Ihre Hilfe benötigt, bieten Sie ihm sofort Ihre Hilfe an. Damit stellen Sie Ihre Hilfsbereitschaft unter Beweis und Sie fühlen sich gut, weil Sie damit zeigen, dass man sich auf Sie verlassen kann.

Mein Rat lautet: Erstellen Sie eine Liste, auf der Sie alle Werte notieren, die Ihnen persönlich wichtig sind! Leider kann ich Ihnen nicht sagen, welche Werte Sie für besonders wertvoll halten. Ich kann Ihnen aber versichern, dass Ihre Auswahl Ihr Leben entscheidend beeinflusst.

Wenn Sie zum Beispiel das Lernen für Prüfungen vernachlässigen (Aktion - Reaktion), müssen Sie sich erst einmal damit abfinden, dass Sie bei Prüfungen höchstwahrscheinlich nicht besonders gut abschneiden werden und dass Sie manche vielleicht nicht bestehen. Obwohl jeder von uns weiß, wie sinnvoll es ist, für Prüfungen zu lernen, wird das Lernen oftmals vernachlässigt, was ein ungutes Gefühl nach sich zieht.

Bei der Vernachlässigung bestimmter Werte wird uns die Missachtung dieser Werte übrigens meist erst im Nachhinein bewusst. Ich zum Beispiel habe dem Wert „Erfüllung" eine Zeit lang keine Beachtung geschenkt.

Meine Träume und meine Ziele wollte ich aber trotzdem verwirklichen. Dabei muss ich gestehen, dass ich in Bezug auf meine Träume am Anfang extrem hohe Erwartungen hatte. Zum Glück habe ich später begriffen, dass man seine Ziele auch nach und nach mit kleinen Schritten erreichen kann. Sobald ich mir diese Erkenntnis zu Herzen genommen hatte, fühlte ich mich schon wesentlich besser.

Ich werde oft gefragt, wie es denn sein kann, dass manche Menschen so erfolgreich sind und ihre Ziele scheinbar mühelos verwirklichen. Stellen Sie sich diese Frage besser nicht! Es geht nämlich nicht darum, was diese Menschen erfolgreich gemacht hat, sondern einzig und allein darum, was Ihre Berufung und Ihre Lebensziele sind.

Wie Sie inzwischen wissen, kann man auf unzähligen verschiedenen Gebieten erfolgreich sein. Manche Menschen sind künstlerisch oder technisch begabt oder besonders kreativ, wie beispielsweise die weltweit bekannten Entwickler von Computerprogrammen.

Auch der Erfinder der Glühbirne oder des Flugzeugs muss nicht zwangsläufig wesentlich begabter, talentierter oder intelligenter gewesen sein als alle anderen Menschen. Heißt das, dass diese Erfinder in ihrem Leben ganz einfach mehr Glück hatten als andere?

Nein, sie waren beziehungsweise sie sind extrem willensstark. Es ist ihnen gelungen, sich mit ihrem Willen und mit ihrer gesamten Kraft auf ihr Ziel zu konzentrieren. Haargenau darauf kommt es nämlich auf dem Weg zum Ziel an. Diese Menschen haben ihre Ziele als ihre persönliche Mission betrachtet, ihre gesamte Aufmerksamkeit auf den Weg gerichtet, der zum Ziel führt, und sich auf ihre persönlichen Werte und auf ihre Überzeugung verlassen.

Bei der Verwirklichung unserer Ziele spielen unsere Sehnsucht, unsere Begeisterung, unser Mut und unsere Entschlossenheit eine ebenso wichtige Rolle. Wenn all dies zusammenkommt, befinden wir uns auf dem „goldenen Weg" zum Erfolg.

Unsere Ziele mit einem „Leitfaden" zu verbinden, gelingt vielen Menschen nicht und genau deshalb mangelt es ihnen an Erfolgen.

Wer sich selbst keine Richtung vorgibt, die er für die Verwirklichung seiner Lebensziele und seiner Mission braucht, wer das Erreichen seiner Ziele nicht als seine persönliche Bestimmung betrachtet und wer nicht genug dafür tut, wird am Ende höchstwahrscheinlich scheitern.

„Eigentlich ist der Körper einer Biene im Verhältnis zu ihren Flügeln zu groß. Nach den Gesetzen der Aerodynamik müsste es für eine Biene deshalb unmöglich sein zu fliegen. Davon weiß die Biene aber nichts und sie tut es trotzdem."

Wissen Sie vielleicht zufällig, wie viele Glühbirnen ihr Erfinder bauen musste, bis die erste Glühbirne richtig funktioniert hat?

Insgesamt waren etwa 200 Versuche nötig. Der Erfinder hat aber nicht aufgegeben und es aus diesem Grund letztendlich geschafft. Mit diesem Beispiel möchte ich verdeutlichen, dass nicht immer alles, was man sich vorgenommen hat, auch gleich auf Anhieb klappt. Wenn man nicht aufgibt, ist es aber trotzdem möglich, es zu schaffen. Dies gilt übrigens auch für das Fliegen. Bis sich das erste Flugzeug in die Lüfte erhob, wurden unzählige Versuche durchgeführt und eine Vielzahl verschiedener Möglichkeiten getestet.

Machen Sie jetzt bitte bloß keinen Rückzieher und fangen Sie nicht an, nach Ausreden zu suchen! Ständig hört man: „Dafür habe ich aber nicht genug Zeit", oder: „Ich schaffe das nicht." Das ist völliger Unsinn! Ja, auch Sie können den Weg zu Ihrem Ziel finden und es erreichen. Die Entscheidung, ob Sie es wirklich wollen, oder ob Sie es sein lassen und so weitermachen wie bisher, liegt allein bei Ihnen – und das mit sämtlichen Konsequenzen. Egal, wie Sie es auch immer drehen und wenden, wird sich daran nichts ändern.

Hierfür kann ich mich selbst als Beispiel anführen. Als ich damit begonnen habe, dieses Buch zu schreiben, musste ich den Mut und die Entschlossenheit, dies zu tun, als meinen persönlichen Wert betrachten. Erst auf dem Weg zum Ziel habe ich bemerkt, wie viel Arbeit und Ausdauer dafür erforderlich sein würde, dieses Buch fertigzustellen. Ich habe aber auch gespürt, wie viel Spaß es macht, dem Ziel, das man sich gesetzt hat, Schritt für Schritt näher zu kommen.

Ob ich mit diesem Buch Erfolg haben werde, ist mir überhaupt nicht wichtig. Mir geht es als erstes hauptsächlich darum, dass ich meinen Traum tatsächlich verwirklichen konnte.

Nach diesem persönlichen Erfolg habe ich mich viele Jahre lang gesehnt. Obwohl ich einen Vollzeit-Job, eine Familie und andere Verpflichtungen habe, hat es mir nicht das Geringste ausgemacht, meine Freizeit dafür zu opfern, dieses Buch zu schreiben. Auch wenn ich an einem Tag nur ein bis zwei Seiten geschafft oder nur eine Stunde lang geschrieben habe, hat es mich unheimlich gefreut. Weil ich meinem Ziel damit nach und nach näher kam, betrachtete ich jeden einzelnen Schritt auf diesem Weg als einen kleinen Erfolg.

Vielleicht wird der eine oder andere jetzt sagen: „Das hört sich ja alles schön und gut an und es klingt auch toll. Ich traue mich aber nicht, so ein Projekt in Angriff zu nehmen." Denjenigen, die so denken, kann ich nur dazu raten, sich die nötige Zeit zu nehmen, so lange, wie es eben erforderlich ist, nach ihrem Ziel zu suchen und sich nicht selbst unter Druck zu setzen.

Lassen Sie sich von anderen Menschen nie entmutigen! Ihr persönliches Ziel müssen Sie nicht von heute auf morgen erkennen. Es ist nur wichtig, dass es für Sie einen Sinn ergibt und dass es Ihren Interessen und Ihren Wünschen entspricht. Was andere von Ihrem Handeln halten, ist vollkommen nebensächlich. Es kommt einzig und allein darauf an, was Sie selbst als Ihren Weg zum Erfolg betrachten.

Erinnern Sie sich noch an die Frage aus dem 3. Kapitel, was der Löwe wohl über die Scharfe denkt? Dieses Beispiel kann für Sie auch in Bezug auf Ihr Handeln eine Stütze sein. Von entscheidender Bedeutung ist es nur, dass Sie Ihr eigenes Ziel suchen und finden. Dafür gibt es unzählige Auswahlmöglichkeiten, wie zum Beispiel eine Weltreise zu unternehmen, neue Fähigkeiten zu erlernen, Astronaut zu werden, ein Musikinstrument spielen zu lernen, eine neue Sprache zu erlernen, Tiere zu retten, weltbewegende Dinge zu tun, etwas Neues zu erfinden, Ihre Fähigkeiten zu verbessern, ein Start-up-Unternehmen zu gründen, auf eine spirituelle Reise zu gehen oder Präsident zu werden. Ja, all dies ist möglich. Setzten Sie sich selbst bei der Verwirklichung Ihrer Ziele keine Grenzen! Schreiben Sie einfach alles auf, was Ihnen einfällt!

Ein weiser Spruch besagt: „Denn wer hat, dem wird gegeben, sodass er aus dem Vollen schöpfen kann. Wer aber nichts hat, dem wird alles genommen, was er noch besitzt."

Auch ich musste erst einmal lange darüber nachdenken, was damit gemeint ist. „Was verbirgt sich hinter diesem Spruch?", fragte ich mich. Zuerst kam es mir in den Sinn, dass es hierbei um Geld gehen könnte, aber das konnte unmöglich richtig sein, weil es einfach zu unfair wäre. Also musste es um etwas anderes gehen. Schließlich gelang es mir dann aber doch noch, die versteckte Botschaft zu entschlüsseln. Für diejenigen, die es noch nicht wissen: Hiermit sind die Fähigkeiten und Talente jedes einzelnen Menschen gemeint, die er entsprechend nutzen sollte.

Leitsätze sind eine tolle Sache und können einem tatsächlich helfen. Viele davon haben wir irgendwann schon einmal irgendwo gehört. Am besten gefallen mir die Leitsätze, die uns Menschen dazu ermutigen sollen, unsere Talente, Fähigkeiten und Begabungen bewusst wahrzunehmen, sie zu fördern, um etwas daraus zu machen, und unsere Talente zu nutzen, statt sie zu verschwenden, was meiner Meinung nach sehr schade wäre.

Manche Menschen halten ihre Talente und Fähigkeiten ganz bewusst unter Verschluss und nutzen sie nicht, weil sie ihre Ängste, ihre Mutlosigkeit, ihr fehlendes Selbstvertrauen, ihre Selbstzweifel oder ihre Überzeugung, gar keine besonderen Talente zu besitzen, davon abhalten.

Selbstverständlich gibt es auch Menschen, die körperlich schwächer oder körperlich eingeschränkt sind. Für diese Menschen die so denken, dass dieser weise Spruch natürlich nicht gilt, weil sie sich nicht wirklich entfalten können. Ich rate ihnen aber trotzdem dazu, ihre Talente nicht zu verbergen und den Mut dazu aufzubringen, etwas daraus zu machen.

Ich kenne eine wahre Geschichte über einen Mann, dem man beide Beine amputiert hat. Trotz allem hat er es gewagt, einen der höchsten Berge der Erde zu besteigen, und er hat es tatsächlich geschafft. Suchen Sie die Bestätigung dafür im Internet oder ein Buch darüber, falls Sie mir nicht glauben!

Diesen Satz habe ich ganz bewusst in dieser Reihenfolge formuliert, weil wir Menschen dazu tendieren, Bilder sehen zu wollen, wenn es um die „Glaubwürdigkeit" geht. Wir können es eher glauben, wenn wir es bildlich vor uns gesehen haben.

Es war der Traum dieses Mannes, dieses Ziel zu erreichen, und er hat es gemeistert. Selbstverständlich war er dabei auf die Hilfe anderer Menschen angewiesen. Ich finde diese Geschichte aber trotzdem sehr bemerkenswert, weil dieser Mann seinen Willen durchgesetzt hat und den Mut dazu hatte, seinen Traum zu verwirklichen.

Solche Geschichten mag ich sehr. Weil sie mich berühren, halte ich sie fest. Wenn Sie eine ähnliche Geschichte kennen, sollten Sie sie auch festhalten. Dass es uns warm ums Herz wird und dass wir tief in unserem Inneren Freude empfinden, kann uns in schwierigen Situationen dabei helfen, uns wieder aufzurichten und unsere Ziele auch weiterhin zu verfolgen. Ich kann Ihnen nur sagen: „Carpe diem! – Nutze den Tag!"

Alle Dinge, die Sie in Ihrem Leben schon einmal gesehen haben, wurden von Menschen erfunden und erschaffen. Vieles davon ist aus Leidenschaft oder aufgrund anderer Werte entwickelt worden. Eines haben diese Dinge aber alle gemeinsam. Zu ihrer Erschaffung war ein starker Wille erforderlich.

Wenn Sie jetzt beginnen möchten und ein bestimmtes Ziel anstreben, sich aber noch nicht ganz sicher sind, wie sich Ihr Ziel genau definieren lässt, können Ihnen die folgenden Fragen vielleicht dabei helfen, Ihr Ziel besser zu beschreiben. Damit kommen Sie Ihrem Ziel nämlich schon einen großen Schritt näher.

1. *Was ist das Ziel?*
   - *Sie müssen eine klare Vorstellung von Ihrer Vision und von Ihrem Ziel haben. Machen Sie sich Notizen und schreiben Sie alles auf, was dafür nötig ist!*

2. Können Sie dieses Ziel ganz allein oder nur mit fremder Hilfe erreichen?

   - Ist beispielsweise Fremdkapital oder ein spezielles Expertenwissen erforderlich?

   - Müssen Sie dafür etwas Bestimmtes lernen, einen Kurs belegen oder Ihre Talente weiterentwickeln?

3. Welchen Wert hat die Verwirklichung dieses Zieles für Sie persönlich?

   - Würden Sie dadurch eine tiefe innere Zufriedenheit empfinden?

   - Geht es um ein Produkt, das jeder braucht, und wenn ja, braucht es tatsächlich jeder Mensch?

4. Was würde sich in Ihrem Leben verändern, wenn Sie Ihr Ziel erreichen?

   - Würden Sie dadurch zum Beispiel ein neues Haus, mehr Geld oder einen neuen Job bekommen, neue Fähigkeiten erlangen, Ihre Gewohnheiten positiv verändern oder glücklicher und zufriedener werden?

5. Was würde dadurch in Ihrem Leben wahrscheinlich verloren gehen?

   - Würden Sie Ihre Freunde oder Ihre Familie verlieren bzw. weniger Zeit haben für sie oder negative Gewohnheiten entfernen?

6. Was benötigen Sie, um dieses Ziel erreichen zu können?

   - Ist es dafür erforderlich, weitreichende Erfahrung auf einem bestimmten Gebiet, viel Geld, spezielle Kenntnisse, eine besondere Ausrüstung oder außergewöhnliche Talente und Fähigkeiten zu besitzen?

7.	Was ist der Grund dafür, dass Sie nicht sofort anfangen, entsprechend zu handeln?

-	Haben Sie nicht genug Geld, ein schlechtes Gewissen oder zu viele Ängste? Fehlt Ihnen der Mut? Oder liegt es an Ihrer Familie oder an Ihrer Arbeit?

Für jeden kann es einen oder mehrere Gründe dafür geben, nicht sofort anzufangen. Vergessen Sie aber bitte nicht, dass Sie zu jeder Zeit eine Wahl haben und dass es für ausnahmslos alles eine passende Lösung gibt!

Ich hoffe sehr, mit diesen Fragen konnte ich Ihnen ein wenig helfen, Ihnen mehr Klarheit verschaffen und Ihnen zeigen, wie Sie Ihr Ziel am besten darstellen und verwirklichen können.

Machen Sie sich gleichzeitig bewusst, was sich in Ihrem Leben alles verändern könnte! Die Grundvoraussetzung für die Verwirklichung Ihrer Ziele ist die entsprechende Motivation, die man als das „spirituelle Benzin" und den Antrieb bezeichnen könnte, der Ihnen vorgibt, wohin die Reise gehen soll. Deshalb könnte man die Motivation auch mit einem „Magneten" vergleichen, der Sie aus Ihrem Inneren heraus zu Ihrem Ziel zieht.

Es ist außerordentlich wichtig, dass Sie sich von Ihrem Ziel magnetisch anziehen lassen. Sobald Sie sich wirklich dafür entschieden haben, etwas zu unternehmen, werden Sie es nämlich auch tun. Solange Sie diesen Entschluss noch nicht gefasst haben, helfen Ihnen auch die besten Leitsätze nicht weiter und keine Kraft der Welt könnte die Verwirklichung Ihres Zieles bewirken.

Natürlich können Sie sich auch endlos im Kreis drehen und sich dabei ununterbrochen die Frage stellen, wie Sie in Ihrem Leben weiterkommen könnten. Am Ende zählen einzig und allein der Wille und die Entschlossenheit zum Handeln.

Zumindest einen Versuch ist es doch wohl wert. Natürlich wünsche ich Ihnen von ganzem Herzen, dass es Ihnen gelingen wird, Ihr Vorhaben in die Tat umzusetzen. Falls dies aber nicht auf Anhieb funktionieren sollte, belassen Sie es bitte nicht nur bei einem einzigen Versuch!

Lassen Sie mich an dieser Stelle noch ein paar Worte zum Thema „Versuchen" sagen.

Etwas zu versuchen, bedeutet nichts anderes, als eine 50/50-Chance zu haben. Entweder es klappt oder es klappt eben nicht. Bewusst oder unbewusst rechnet man damit bei jedem Versuch. Dabei wird sich zeigen, ob man richtig oder falsch liegt und ob man gewinnen oder verlieren wird. Wenn man etwas versucht, verschafft man sich gleichzeitig ein „Trostpflaster".

Falls es nicht klappt, kann man später immer zu sich selbst sagen; „Na ja, ich habe es doch wenigstens versucht." Diese Aussage hat natürlich ihre Berechtigung, was aber noch lange nicht heißt, dass man mit dieser Begründung einfach aufgeben und den Kopf hängenlassen sollte.

Ich glaube felsenfest daran, dass wir Menschen dazu in der Lage sind, Großartiges zu leisten, und ich gehe mit gutem Gewissen davon aus, dass jeder von uns sein Leben so gestalten kann, wie man es möchte. Warum machen trotzdem so viele Menschen nichts Besonderes aus ihrem Leben? Warum geben sie sich freiwillig mit einem durchschnittlichen Leben zufrieden, in dem sie nichts Überragendes leisten?

Am Anfang unseres Lebens haben wir ein leeres, weißes Blatt Papier vor uns liegen, das wir mit unseren Taten füllen können. Dabei stellt sich nur die Frage, auf welche „Werke" wir am Ende unserer Tage zurückblicken werden.

Malen Sie gern mit den gleichen langweiligen Farben wie die meisten anderen? Zu diesem Thema stelle ich Ihnen noch eine persönliche Frage: Wenn Sie einfach einmal annehmen, dass Aufzeichnungen über den gesamten Verlauf Ihres Lebens in einem Museum ausgestellt werden würden, wie lange würde es dann dauern, bis sich die Besucher des Museums Ihr gesamtes Leben angeschaut hätten? Würden sie Sekunden, Minuten, Stunden oder Tage brauchen, bis sie alle Ihrer Werke gesehen hätten?

Verstehen Sie diese Frage bitte nicht falsch! Damit wollte ich nur die enorme Bedeutung Ihres Handelns verdeutlichen und die Frage sollte Sie dazu anregen, sich einmal selbst zu fragen, was Sie im Laufe Ihres Lebens bereits getan haben. Welche Werke werden Sie dieser Welt hinterlassen?

Als mir diese Frage einmal gestellt wurde, machte mich das sehr nachdenklich. Diese Frage motivierte mich dazu, meine persönlichen Ziele vor dem Ende meiner Tage zu verwirklichen.

Ich möchte wenigstens erreichen, dass die Besucher in diesem Museum Minuten und nicht nur Sekunden dafür brauchen werden, meine Werke zu betrachten.

Wie dem auch sei, trotzdem stellt sich auch weiterhin die grundlegende Frage, warum so viele Menschen nicht das tun, was sie eigentlich tun wollen?

Eine der gängigsten Antworten auf diese Frage lautet: „Weil die Menschen zu ängstlich sind. Ihnen fehlt einfach der Mut dazu, neue Wege zu beschreiten, und sie möchten sich nicht blamieren."

Ebenso oft hört man den Satz: „Die Menschen suchen gern nach Ausreden."

Eine weitere Antwort klingt so: „Wir Menschen werden im Laufe unseres Lebens von unseren Eltern, von unseren Lehrern und von der Gesellschaft zu „Kleindenkern" erzogen."

Man hält uns für klein und für unbedeutend und man feilt so lange an uns herum, bis wir dieser Vorstellung entsprechen. In den meisten Fällen beginnt dieser Prozess bereits im Kindesalter. Wenn Kinder davon träumen, eines Tages ein Star oder Astronaut zu werden, lächeln die Eltern nur nachsichtig und fragen ihr Kind, ob es denn schon seine Hausaufgaben gemacht hat oder ob das Kinderzimmer aufgeräumt ist.

Auf diese Art und Weise erstickt man die Sehnsucht der Kinder im Keim und sie lernen dadurch sehr schnell, dass sie nicht die geringste Chance haben, ihre Träume zu verwirklichen. Dies wird vor allem durch die Meinung vieler Eltern und durch unser Schulsystem verursacht, das die Schüler hauptsächlich an den Stellen fördert, an denen sie Schwächen zeigen und mehr lernen müssen, wobei ihre persönlichen Stärken leider viel zu oft ignoriert werden.

Dadurch wird niemand stärker, sondern stattdessen nur mittelmäßiger. Gemäß der Auffassung des Schulsystems sollen alle Schulkinder dasselbe können, was im Prinzip ja auch gut und richtig wäre. Mit meinen Aussagen zu diesem Thema möchte ich das Schulsystem ganz bestimmt nicht reformieren.

Nichts liegt mir ferner. Vielleicht könnte man aber doch an ein paar „Schrauben" drehen, um das Schulsystem zu optimieren oder wenigstens zu erreichen, dass es die Schüler besser auf ihr späteres Berufsleben vorbereitet.

Wie wichtig die Bildung ist, steht vollkommen außer Frage, aber was nutzt es zum Beispiel einem Architekten, dass er in der Schule einen Text in acht verschiedene Sprachen übersetzen musste. Auch ein Arzt wird in seinem Beruf kein Stückchen besser, weil er früher in der Schule besonders gut in Erdkunde war.

Ich habe den Kontakt zu einigen meiner früheren Klassenkameraden bis heute aufrechterhalten. Obwohl keiner von ihnen damals in der Schule der Klassenbeste war, sind sie später alle erfolgreich geworden.

Ich würde sogar wetten, dass sie sich ein besseres Leben aufgebaut haben als unser Klassenbester.

Damit möchte ich zum Ausdruck bringen, dass auch die Menschen, die in der Schule schlechte Noten hatten, glücklich und zufrieden werden können.

Zu Ihrer Inspiration möchte ich nun einige außergewöhnlich erfolgreiche Menschen erwähnen, deren Herkunft und deren Lebensbedingungen sich ziemlich stark voneinander unterscheiden. Trotz ihrer Schwächen ist es ihnen allen gelungen, sich ein erfolgreiches Leben aufzubauen.

Dabei denke ich zum Beispiel an ein bekanntes schwedisches Möbelhaus, das von einem Legastheniker mit einer beträchtlichen Schreib- und Leseschwäche gegründet wurde, an einen Förderschüler, aus dem ein bekannter Fernsehkoch geworden ist, der die Zuschauer mit seinen Kochkünsten verzaubert, und an einen Wissenschaftler, der keine herausragenden Noten hatte, in seinem Fach aber so gut war, dass er mit seinen Thesen später den Nobelpreis gewann.

Auf dieser Welt gibt es unzählige Schul- und Studienabbrecher, die ihr Leben in den Griff bekommen und ein glückliches und erfolgreiches Leben geführt haben. Um dies zu beweisen, könnte ich die Namen von Schauspielern, Komikern, Staatsoberhäuptern, Geschäftsführern, Computer-Genies und Künstlern aufzählen.

Wissen Sie, wie viele der Buchautoren und Schriftsteller, die im Laufe der Zeit Literaturpreise gewonnen haben, Legastheniker sind oder es einmal waren?

Ich versichere Ihnen, dass ich kein bisschen übertreibe. Mit diesen berühmten Namen könnte man eine lange Liste füllen.

Unter anderem begeistert einer der bekanntesten Autoren und Film-Regisseure mit seinen Werken auf der Kinoleinwand weltweit Millionen von Menschen, obwohl er unter einer Leseschwäche leidet.

Was auch immer diese erfolgreichen Menschen getan haben, verbindet sie doch alle die Gemeinsamkeit, dass sie ihre Zeit in ihre Stärken investiert und sich ausschließlich auf ihre besonderen Stärken, Talente und Fähigkeiten konzentriert haben, um diese entsprechend zu nutzen. Als sie ihre große Chance erkannten, haben diese Menschen sie ergriffen.

Es ist wichtig, die Stärken der Schwachen zu fördern und die Schwächen der Starken zu erkennen.

Theoretisch betrachtet, erinnern uns die Lebensgeschichten dieser Menschen an die Geschichte von „David gegen Goliath". Als sich der kleine David, den jeder für einen Schwächling hielt, dem Kampf gegen den großen und starken Goliath stellte, glaubten alle, das Goliath diesen Kampf mit Leichtigkeit gewinnen würde. Trotzdem konnte David den Kampf am Ende für sich entscheiden.

Diese Geschichte liebe ich, aber nicht wegen der darin enthaltenen Gewalt, sondern wegen ihrer Botschaft, dass auch ein schwacher Mensch einen starken Menschen bezwingen kann.

Jedes Mal, wenn ich diese Geschichte höre, spornt sie mich dazu an, in meinem Leben niemals aufzugeben und immer daran zu denken, was alles möglich ist.

Keiner hatte David erklärt, wie er kämpfen sollte. Um den Kampf zu gewinnen, setzte er nur seine Stärken ein, während er die Schwächen seines Gegners erkannte und entsprechend ausnutzte. Ob Sie dies nun für gemein, unfair und hinterhältig oder für strategisch klug, schlau und clever halten, spielt keine Rolle. Wichtig ist nur, dass David seine Stärken genutzt hat, um als Sieger aus dem Kampf hervorzugehen.

Ich möchte noch ein weiteres Beispiel erwähnen, das uns zeigt, wie wir unsere Schwächen in Stärken umwandeln können.

Nehmen wir doch einfach einmal an, Sie wären ein außerordentlich talentierter Basketball-Spieler. Ihr Sportlehrer lobt sie in den höchsten Tönen und erzählt jedem gern, wie gut Sie sind. Nach dem Abschluss Ihrer Schulausbildung oder Ihres Sportstudiums haben Sie nun die Chance, in eine der beiden bekanntesten Basketball-Mannschaften in Ihrer Region aufgenommen zu werden. Also müssen Sie die Entscheidung treffen, welches der beiden Teams Sie <u>auswählen</u> werden.

In dieser Situation gehen wir davon aus, dass Sie sich, um sich diese Entscheidung zu erleichtern, im Vorfeld bereits eingehend über die beiden Mannschaften informiert haben. Bei dem Team A handelt es sich um das beste Team in Ihrer Region und bei dem Team B um das zweitbeste. Im ersten Moment würde sich wahrscheinlich jeder normale Mensch für das Team A entscheiden, weil man natürlich gern in einer Siegermannschaft spielen möchte.

Vielleicht haben Sie im Laufe Ihrer Recherchen aber auch erfahren, dass eigentlich schon zu viele herausragende Spieler zum Team A gehören und dass die Neulinge demzufolge erst einmal für eine Weile auf der Ersatzbank Platz nehmen dürfen. Im Gegensatz dazu würde man Sie Ihren Informationen zufolge im Team B direkt zu einem der Stammspieler machen.

Bevor Sie sich für eine der beiden Mannschaften entscheiden, müssen Sie sich also die Frage stellen, was Ihnen wichtiger ist. Möchten Sie unbedingt zu einer Siegermannschaft gehören und als schwächeres Teammitglied nie wirklich zum Einsatz kommen oder steht Ihre Leidenschaft für das Basketballspiel für Sie an erster Stelle und Sie wollen sich deshalb lieber als stärkeres Mitglied in ein etwas schwächeres Team einfügen, um aktiv zu bleiben und Ihr Talent noch weiter zu entfalten?

Dazu fällt mir gerade ein passendes Sprichwort ein: „Nichts an sich ist gut oder böse. Erst das Denken macht es dazu."

Vielleicht fragen Sie sich jetzt, warum ich diesen Satz hier einfüge. Nun, wie in diesen Geschichten wird sich der eine oder andere wahrscheinlich Gedanken darüber gemacht haben, ob David fair oder unfair gegen Goliath gekämpft hat oder warum es besser wäre, sich für die andere Basketball-Mannschaft zu entscheiden.

Bis zum heutigen Tag werden die Kämpfe im Sport, in der Wirtschaft, in der Politik, bei Live-Shows und sogar auf Ihrem Smartphone, am PC oder am Laptop im Prinzip genauso ausgetragen wie schon vor ewigen Zeiten.

Möchten Sie wissen, wie ich dazu komme, diese Behauptung aufzustellen? Ganz einfach. Denken Sie doch nur einmal an die Hacker-Angriffe, die heutzutage beinahe täglich stattfinden!

Auf der einen Seite steht der kleine Hacker, dem es ständig es in den Fingern „kribbelt", wenn es darum geht, in den Betriebssystemen und Programmen Schwachstellen zu entdecken, und auf der anderen Seite stehen die großen Unternehmen, die ihre Betriebssysteme vor den Angriffen der Hacker schützen wollen. Natürlich möchte keiner gern „gehackt" werden, was einen Beweis dafür liefert, dass auch die „Großen" in unserer heutigen Zeit immer noch ihre Schwächen haben. Die Angriffe der Hacker zeigen auf, wo ihre Schwächen liegen. Dies wiederum veranlasst die Unternehmen dazu, ihre Betriebssysteme und Programme fortlaufend zu verbessern, um sie vor Hacker-Angriffen zu schützen oder um entsprechende Lösungen zu finden, damit sich ein solcher Angriff nicht noch einmal wiederholt.

Im weiteren Verlauf dieses Kapitels beschäftigen wir uns nun wieder gezielt mit dem Thema „Handeln".

Es gibt zwei Arten von Entscheidungen - leichte und schwere. In Verbindung mit den leichten Entscheidungen hört man manchmal Sätze, wie zum Beispiel: „Verdienen Sie Ihr Geld täglich ganz bequem von zu Hause aus!" Einer „leichten" Entscheidung möchte man gern zustimmen. Es klingt verlockend einfach und man meint, damit hätte man sicher mehr Vorteile als Nachteile.

Wenn wir eine schwere Entscheidung zu treffen haben, denken wir oftmals länger darüber nach, weil wir ebenso viele Vorteile wie Nachteile zu sehen glauben. Natürlich ergibt das durchaus Sinn. Sonst wäre es ja schließlich eine leichte Entscheidung.

Am Anfang dieses Kapitels habe ich über die Entscheidungen gesprochen, die wir in unserem Leben zu treffen haben. Völlig unabhängig davon, ob wir gerade etwas tun oder nicht, handeln wir immer. In anderen Worten ausgedrückt, heißt das, dass wir ununterbrochen „tauschen".

Wenn Sie sich jetzt vielleicht fragen, was mit dem Tauschen gemeint ist, so lautet die Antwort: „Unsere Zeit."

Die Zeit steht uns nämlich frei zu Verfügung. Selbstverständlich besitzen wir auch andere Dinge zum Tauschen. Darauf wollte ich aber gar nicht hinaus. Stattdessen erwähne ich lieber etwas, was jeder Mensch hat, und das ist nun einmal die Zeit.

„Die Zeit ist umsonst, aber unbezahlbar. Sie können sie zwar nicht besitzen, aber nutzen. Sie können sie zwar nicht behalten, aber verbringen. Wenn sie einmal verloren ist, können Sie sie nie wieder zurückholen", lauten einige der weisen Sprüche zu diesem Thema.

Was jeder Mensch mit seiner Zeit anstellt, bleibt ihm selbst überlassen. Genau aus diesem Grund müssen wir jedes Mal eine Entscheidung treffen, wenn es darum geht, was wir mit unserer Zeit anstellen.

An unserem Arbeitsplatz tauschen wir unsere Zeit beispielsweise gegen Geld ein. Außerdem nehmen wir uns Zeit für unsere Kinder, wir investieren Zeit in unsere Bildung, wir brauchen Zeit zum Lesen von Informationen und wir verbringen Zeit mit unseren Liebsten, mit unseren Freunden, beim Sport und bei der Weiterentwicklung unserer Fähigkeiten.

Wenn Sie sich dies einmal durch den Kopf gehen lassen, werden Sie schnell erkennen, dass Sie fortlaufend darüber entscheiden müssen, wofür Sie Ihre Zeit nutzen.

Bedauerlicherweise gibt es auch eine traurige Art und Weise, die Zeit zu nutzen. Viel zu viele Menschen verschwenden ihre Zeit mit sinnlosen Beschäftigungen. Anstatt sich auf ihre Ziele zu konzentrieren, verplempern sie ihre Zeit mit irgendwelchen Dingen und Tätigkeiten, die sie in ihrem Leben nicht einen einzigen Schritt weiterbringen werden. Hierzu werde ich Ihnen jetzt einige Beispiele für die Dinge nennen, die Sie lieber sein lassen sollten, damit Sie es später nicht bereuen werden.

Vielleicht werden Sie sich ja sogar in dem einen oder anderen Beispiel wiederfinden. Es beginnt schon mit den falschen Freunden. Umgeben Sie sich besser nicht mit anderen Menschen, die Sie selbst nur herunterziehen, die Ihnen nichts Gutes gönnen und die grundsätzlich alles schlechtreden, damit Sie es nicht tun!

152

Dies gilt ebenso für Ihre früheren Beziehungen, die auch beim fünften Anlauf nicht funktioniert haben. Was auch immer der Grund dafür gewesen sein mag, kann ich Ihnen nur dazu raten, sich an keiner gescheiterten Beziehung festzuklammern und die betreffende Person besser endgültig zu verlassen. Dass man für seine Liebe kämpfen möchte, kann ich nur allzu gut verstehen, aber was bringt es denn letztendlich, bei jedem erneuten <u>Versuch</u> wieder in das gleiche „Loch" zu fallen, in dem man früher schon viel zu oft war.

Leider führt das zu gar nichts. Ganz im Gegenteil! Es fügt Ihnen nur noch mehr Schmerzen zu. Wollen Sie sich das tatsächlich antun und Ihre wertvolle Zeit auch diesmal wieder dafür opfern?

In den folgenden Punkten zähle ich nun die Dinge auf, die Sie besser vermeiden sollten.

- Anstatt Ihre Zeit auch weiterhin mit dem Kampf um eine gescheiterte Beziehung zu vergeuden, sollten Sie diese Zeit besser mit den Menschen verbringen, die es wirklich gut mit Ihnen meinen. Vernachlässigen Sie bitte nie die Beziehungen zu den Menschen, die Ihnen guttun und in deren Gesellschaft Sie sich wohlfühlen!

- Wenn Sie jedem sogenannten Trend folgen und mit jeder Strömung mit schwimmen, weil Sie meinen, das müsste man nun einmal tun, weil es alle anderen auch so machen, werden Sie immer nur ein Mitläufer und ein Gefangener in Ihrem eigenen Hamsterrad sein. Anstatt Ihre eigenen Ziele und Träume zu verwirklichen, unterstützen Sie in dem Fall nur andere Menschen, deren Ideologien und deren Ziele. Dies führt letztendlich dazu, dass Sie ein Leben leben, in dem Sie nicht Sie selber sind.

- Zögern Sie auch weiterhin, weil Sie permanent Angst davor haben, zu handeln oder etwas zu verändern? Falls Sie immer noch auf den richtigen Moment warten sollten, vergessen Sie es! Dieser Moment wird nämlich nie kommen. Auf diesen magischen Augenblick hoffen nur Träumer. In Wirklichkeit gibt es diesen Moment nur in Kinofilmen, aber nicht in unserer Welt.

153

- *Wenn Sie sich zu wenig Zeit für sich selbst nehmen und nicht das tun, was Sie für richtig halten und was Sie erreichen möchten, schaden Sie sich nur selber.*

- *Falls Sie danach streben, immer und in allem perfekt zu sein, sollten Sie das besser sofort vergessen. Lassen Sie es einfach sein! Die Perfektion an sich ist doch nur langweilig. Sie lässt keine Veränderungen zu, sie erlaubt Ihnen keine neuen Handlungsweisen und sie hindert Sie daran, neue Erfahrungen zu sammeln. Wenn man sich nicht weiterentwickelt, bleibt man dort stehen, wo man gerade ist. „Es ist wie es ist, es bleibt wie es bleibt" Schluss, Aus und Ende. Sagen Sie lieber, dass Sie Hervorragendes leisten möchten oder tun möchten, das hört sich am Ende viel besser an, statt alles perfekt machen zu wollen.*

- *Indem Sie zu viel konsumieren und zu wenig sparen, schaden Sie sich ebenfalls. Lassen Sie sich von niemandem einreden, dass Sie irgendwelche Produkte unbedingt brauchen würden! Wenn Sie sich darauf einlassen, kaufen Sie sich nur für einen sehr kurzen Moment „glücklich". Stattdessen sollten Sie sich fragen, ob Sie dieses Produkt tatsächlich brauchen und ob es Ihnen in irgendeiner Art und Weise weiterhilft. Stellen Sie sich vor einen Spiegel und fragen Sie sich ernsthaft: „Bringt mich das, was ich gerade tue, wirklich weiter?" Die allerbeste Investition ist es in jedem Fall, in sich selbst zu investieren, in die eigene Bildung und in den eigenen Verstand.*

- *Ebenso sehr schadet es Ihnen, wenn Sie auch weiterhin negativen Leitsätzen folgen und es dabei belassen.*

- *Machen Sie nicht den Fehler, faul zu sein und nicht diszipliniert zu bleiben! Unsere Disziplin bildet die Grundlage dafür, dass wir unsere positiven Gewohnheiten beibehalten können. Auch wenn Sie vieles bedauern und wenn Sie in Ihrem Leben bereits viele Schmerzen und Enttäuschungen ertragen mussten, müssen Sie trotzdem weitermachen und alles dafür tun, Ihren Zielen Schrittweise näher zu kommen. Falls Sie dies versäumen, werden Sie später einen wesentlich höheren Preis dafür bezahlen.*

- *Vernachlässigen Sie nichts, was Sie selbst betrifft! Achten Sie auf Ihren Körper, auf Ihre Gesundheit und auf Ihre Seele! Das alles ist Ihr höchstes Hab und Gut. Zu diesem Punkt passt das bekannte Sprichwort: „Dein Körper ist wie ein Tempel. Es kommt einzig und allein darauf an, wie du ihn behandelst und wie er aussieht."*

Geben Sie nie sofort auf, wenn gerade ein „Sturm" aufzieht! Werfen Sie nicht gleich das Handtuch, wenn sich Ihr Leben nicht ganz so entwickelt, wie Sie es sich erhofft hatten!

Treiben Sie Ihre Vorhaben auch weiterhin konsequent voran! Jammern bringt gar nichts. Es ist nichts weiter als ein Zeichen unserer Selbstzweifel. Deshalb finde ich es seltsam, dass so viele Menschen ihre Zeit mit Jammern verschwenden, anstatt endlich etwas gegen das zu unternehmen, worüber sie sich beklagen.

Ein weiteres Thema, das mir besonders am Herzen liegt, ist die Fantasie.

In der heutigen Zeit wissen viele Menschen leider nicht mehr, was die Fantasie überhaupt ist.

Glücklicherweise betrifft das nicht alle. Durch die ständige Wiederholung des Bekannten und Bewährten haben aber dennoch zu viele verlernt, was es heißt, fantasievoll zu sein. Die wunderbare Vorstellungskraft, die man als Kind noch besaß, verblasst mit dem zunehmend Alter mehr und mehr, bis unsere Fantasie am Ende nutzlos in einer Ecke unseres Gehirns liegt und dort verstaubt.

Dabei betrachte ich unsere Fantasie als ein wertvolles Geschenk, das uns bei unserer Geburt in die Wiege gelegt wurde. Dieses Geschenk sollten wir besser entsprechend würdigen und pflegen. Unser Wissen ist nämlich begrenzt, während unsere Fantasie keine Grenzen kennt.

Realistisch zu bleiben, ist natürlich gut und wichtig, gleichzeitig aber auch ein Hemmschuh für unsere Fantasie. Das realistische Denken zeigt uns, was alles möglich ist. Im Gegensatz dazu lehrt uns unsere Fantasie, wie man das Unmögliche möglich macht.

Auch ich denke oft und gern realistisch. Deshalb verdränge ich meine Fantasie aber trotzdem nicht aus meinem Leben. Ganz im Gegenteil! Ich nutze sie für meine Vorhaben, für meine Ziele, für meine Projekte, um Lösungen zu finden oder für die nächste Idee, die ich dank meiner Fantasie haben werde.

Ganz nebenbei bemerkt, ist die Langeweile der „Schlüssel" zur Kreativität. Wenn Sie mir das nicht glauben, schalten Sie doch einfach einmal das Fernsehgerät aus und starren Sie mindestens eine halbe Stunde lang die Decke und die Wände an, ohne sich dabei von elektronischen oder anderen Geräten ablenken zu lassen! Ich würde zu gern erfahren, was Ihnen in dieser Zeit so alles einfällt.

Beim Lesen des folgenden Satzes dürfen Sie mich ruhig auslachen und über mich denken, was auch immer Sie wollen: Wenn die Fantasie eine Frau wäre, dann würde ich sie heiraten. So sehr liebe ich die Fantasie und ich stehe zu dieser Aussage. Dass nur noch sehr wenige Menschen ihrer Fantasie freien Lauf lassen, finde ich unendlich schade.

Im Erwachsenenalter halten viele ihre Fantasie für eine Schwäche, durch die sie sich nur lächerlich machen. Das stimmt aber überhaupt nicht. Ganz im Gegenteil! Ihre Fantasie verleiht Ihnen die Fähigkeit, allein durch die Macht Ihrer Gedanken Türen zu öffnen, von denen Sie bisher noch gar nicht wussten, dass es sie gibt. Lassen Sie Ihrer Fantasie einfach öfter freien Lauf und Sie werden staunen, wie gut Ihnen das tut! Natürlich sollte man es auch nicht übertreiben.

Zwischen dem „Fantasieren" und dem „übertriebenen Fantasieren" besteht ein klarer Unterschied. Das heißt, dass man besser nicht in jedem Stein, in jeder Wolke, in jedem Berg oder sogar in jeder Brotscheibe ein phänomenales „Zeichen" sehen sollte, das uns vom Boden der Tatsachen abheben lässt. Sie können ruhig gläubig sein. Das bin ich selber auch. Glauben Sie aber bitte nicht jeden „Firlefanz"! Wenn jemand behauptet, etwas „Heiliges" auf einem Bild gesehen zu haben, das eine Botschaft von wem oder was auch immer darstellt, sollten Sie sich fragen, ob sich Gott tatsächlich auf einer Brotscheibe „verewigen" würde, die Sie im Supermarkt um die Ecke für 99 Cent gekauft haben. Lassen Sie sich von solchen Geschichten nicht an der Nase herumführen!

Wir Menschen „ticken" nun einmal so, dass wir gern etwas sehen möchten, das unser Gehirn nicht auf Anhieb erklären kann.

Deshalb tendieren wir manchmal dazu, den Bogen beim Einsatz unserer Fantasie zu überspannen. Für die eben erwähnten Aussagen gibt es sinnvolle Erklärungen, die in den meisten Fällen klar auf der Hand liegen, die wir aber erst einmal nicht wahrhaben wollen. Ihnen wird das von jetzt an aber nicht mehr passieren.

Nun komme ich zu einem weiteren Beispiel. Wer aus einem sportlichen Wettkampf als Sieger hervorgehen möchte, muss schon in sehr jungen Jahren trainieren. Davon sind viele überzeugt, obwohl es nicht in jedem Fall zutrifft. In anderen Worten könnte es sich auch so ausdrücken lassen: Wenn man nicht über die dafür erforderlichen körperlichen Voraussetzungen und die entsprechende Kraft und Ausdauer verfügt, hat man nicht die geringste Chance, jemals einen Wettkampf zu gewinnen und dieses Ziel zu erreichen. Zumindest die Grundvoraussetzungen müssen dafür schon gegeben sein.

Bedeutet das jetzt im Umkehrschluss, dass es wesentlich schwieriger ist, ein Ziel zu verwirklichen, das mit höheren Grundvoraussetzungen verbunden ist? Trifft das tatsächlich zu?

Wer außerordentlich fleißig ist und regelmäßig übt, wird im Laufe der Zeit garantiert immer besser werden. Was braucht man also wirklich, um sein Ziel erreichen zu können?

Vieles, von dem wir meinen, es zu benötigen, brauchen wir in Wirklichkeit gar nicht.

Was wir als Allererstes tatsächlich brauchen, ist der Wille, entsprechend zu handeln.

Alles andere, von dem wir annehmen, es unbedingt zu benötigen, spielt eigentlich gar keine Rolle. Hierbei handelt es sich nämlich nur um Vermutungen.

Alles, in das wir viel Zeit investiert haben, betrachten wir Menschen als wertvoll.

Ein geeignetes Beispiel hierfür wäre ein Modell-Auto, das Sie selbst mit dem Einsatz von viel Zeit und Mühe zusammengebastelt haben. Wenn Ihnen jemand dafür anschließend das Doppelte des ursprünglichen Preises anbieten würde, wären Sie wahrscheinlich trotzdem nicht bereit, es zu verkaufen. Was wir besonders hoch schätzen, halten wir nun einmal fest.

Wenn man es neutral betrachtet, kostet das Modell-Auto aber nur so viel, wie Sie bei seinem Kauf im Laden dafür bezahlt haben. Ist es denn tatsächlich wertvoller als jedes andere Modell-Auto?

Wir alle glauben vor allem an das, was wir selbst schon einmal gesehen oder gehört haben und was man uns frühzeitig beigebracht hat.

Hier kommen wir wieder auf die sogenannte „Brille" aus dem 3. Kapitel zurück, die Brille, die wir uns selbst aufsetzten, um an die angebliche Wahrheit, die man uns gelehrt hat, glauben zu können.

Fragen Sie sich nicht, ob Ihnen die Wahrheit gefällt! Stellen Sie sich besser die Frage, ob Sie die Wahrheit akzeptieren können! Denken Sie dabei aber immer daran, dass es sich nur um eine von vielen Wahrheiten handelt!

Dies gilt auch dann, wenn Ihnen manche Situationen überhaupt nicht so gefallen, wie sie gerade sind. Hier kann das Wetter noch einmal als ein passendes Beispiel dienen.

Jeder kennt das alte Sprichwort: „Es gibt kein schlechtes Wetter. Es gibt nur unpassende Kleidung." Damit haben Sie bereits die optimale Lösung dafür parat, wie Sie sich dem Wetter gegenüber verhalten sollten, wenn Sie das Haus verlassen möchten.

Als ein weiteres Beispiel fällt mir die Gewichtszunahme von einem gewissen Alter an ein. Dabei sollte jeder wissen, dass es nicht wirklich stimmt, dass man auf einmal „automatisch" zunimmt. Hier kommen mehrere verschiedene Faktoren zusammen, von denen es abhängt, ob man im Alter tatsächlich zunehmen muss.

Zum Teil ist die Gewichtszunahme genetisch bedingt. Sie wird aber auch von unserem Verhalten beeinflusst. Wenn Sie sich nicht sportlich betätigen können, bietet sich eine Ernährungsumstellung an, um das Zunehmen zu verhindern.

Wer sich von bestimmten Ereignissen und Situationen zu stark beeinflussen lässt, schwächt sich dadurch nur selber. Richten Sie Ihre gesamte Energie darauf aus, eine Lösung zu finden und akzeptieren Sie diesen Zustand <u>nicht</u>!

Tu, was du kannst, mit dem, was du hast, wo auch immer du bist!

Halten Sie sich immer das Wort „Wollen" vor Augen! Sie müssen nämlich gar nichts und niemand kann Ihnen etwas vorschreiben. Kein Gesetzt der Welt kann Sie dazu zwingen, etwas tun zu müssen. Außer eines Tages diese Welt zu verlassen, müssen Sie gar nichts. Dies gilt für uns alle und es versteht sich von selbst.

Hier schließe ich ganz bewusst eine Situation aus, in der Ihnen jemand eine Pistole auf die Brust setzt, um Sie dazu zu zwingen, etwas zu tun, was Sie nicht wollen. Dies ist eine schreckliche Vorstellung und hat nichts mit dem Wollen zu tun. Ansonsten müssen Sie aber wirklich nichts.

Grundsätzlich geht es bei allem einzig und allein darum, ob Sie es wollen, und mit diesem Wollen nehmen Sie sich selbst in die Pflicht.

Bei diesem „Aktions-Reaktions-Prinzip" sind Sie für alle späteren Konsequenzen selbst verantwortlich. Vergessen Sie das bitte nie und verhalten Sie sich entsprechend verantwortungsbewusst!

Wir Menschen meinen ständig, etwas tun zu müssen, weil es uns dabei hilft, mit der jeweiligen Situation besser umgehen zu können. Es fällt uns wesentlich leichter, daran zu glauben, dass wir etwas tun müssen, weil uns keine andere Wahl bleibt. Unter anderem zeigt sich dies beim Jammern über diese angebliche Tatsache sehr deutlich. Dabei beklagen wir uns darüber, etwas ertragen oder tun zu müssen, was wir in Wirklichkeit gar nicht wollen. Mit diesem Gejammer spielen wir uns aber nur selbst etwas vor.

Wir haben uns nämlich von Anfang an freiwillig dafür entschieden und wir hatten eine Wahl. An dieser Stelle lautet die gute Nachricht, dass wir uns auch später immer noch frei dafür entscheiden können, eine andere Richtung einzuschlagen.

Wer eine Entscheidung getroffen hat, sollte auch dazu stehen und sagen: „Ich habe mich dafür entschieden."

159

Dies gilt auch dann, wenn Sie dafür etwas aufgeben oder wenn Sie in der jeweiligen Situation gegen einen starken Gegenwind ankämpfen müssen. Jede Entscheidung, zu der Sie sich selbst frei entschlossen haben, sollte Ihren Respekt vor sich selbst und Ihre Selbstachtung steigern.

Noch interessanter wird es, wenn man anfängt zu kämpfen. Nein, hier denke ich nicht an einen Gladiator in einer Arena, sondern an unseren inneren Kampf, zum Beispiel für unsere Ziele, für unsere Liebe und für unsere Familie oder um unseren Job. Unsere Erfüllung finden wir in dem Moment, in dem wir unsere eigene Entscheidung getroffen haben und dazu bereit sind, die Konsequenzen dafür zu tragen.

Man könnte es auch so ausdrücken, dass wir den Preis für unsere Entscheidung selbst bezahlen. Wir Menschen zahlen für jede unserer Entscheidungen einen bestimmten „Preis". Um etwas Neues erlernen zu können oder um unsere Fähigkeiten zu erweitern, bezahlen wir beispielsweise mit unserer Zeit. Mit Geld zahlen wir den Preis für einen Dienstleister, der für uns etwas erledigt, das wir selbst nicht tun können oder wollen, für das unsere eigenen Fähigkeiten nicht ausreichen oder für das wir nicht genug Zeit haben. Ganz egal, wie Sie es auch drehen und wenden, am Ende bezahlen Sie immer.

Die Menschen, die ihre eigene Entscheidung getroffen haben, erkennt man daran, dass sie das, wofür sie sich entschieden haben, sehr ernst nehmen, dass sie ihr Ziel mit all ihrer Energie und Willenskraft verfolgen und dass sie sich von nichts und niemandem davon ablenken lassen.

Unsere eigenen, freien Entscheidungen machen uns verantwortungsbewusster und sie erfüllen uns mit Stolz.

Ganz ähnlich verhält es sich bei der bewussten Entscheidung für einen Kompromiss.

Kompromisse könnte man auch als Lösungen bezeichnen, auf die man sich in einer bestimmten Situation gemeinsam mit anderen Personen freiwillig einlässt.

Nehmen wir doch einfach einmal an, dass Sie den Abend mit Ihren Freunden in einer Bar verbringen und genießen möchten. Im Laufe des Abends bemerken Sie, dass der Service in dieser Bar sehr viel zu wünschen übrig lässt.

In dieser Situation gibt es zwei verschiedene Möglichkeiten. Die eine besteht darin, dass Sie pausenlos herumnörgeln, vor sich hin schimpfen und alles und jeden kritisieren. Wenn Sie sich für die andere Möglichkeit entscheiden, bleiben Sie souverän und bescheiden und Sie haken diese Bar für das nächste Mal ab, weil Sie schon jetzt genau wissen, dass Sie ihr nie wieder einen Besuch abstatten werden.

Eines müssen Sie sich aber immer vor Augen halten und bewusst machen: Sie haben sich freiwillig für diese Bar entschieden. Stehen Sie dementsprechend mit Würde zu Ihrer Entscheidung! Was dort passiert ist, spielt eigentlich gar keine Rolle. Wirklich wichtig ist es nur, dass Sie hinter Ihrer freiwilligen Entscheidung stehen. Es wäre absolut unfair und feige, in dieser Situation lautstark zu schimpfen, auf Ihre Freunde sauer zu sein, zu versuchen, ihnen die Verantwortung in die Schuhe zu schieben und so zu tun, als ob sie schuld daran wären. Nein, so nicht! Schließlich haben Sie sich für diesen Kompromiss entschieden. Also stehen Sie auch dazu und schauen Sie einfach weiter nach vorn!

Auch das folgende Thema gehörte für mich zu den hauptsächlichen Gründen dafür, dass ich dieses Buch unbedingt veröffentlichen wollte.

Im Rahmen einer Umfrage wollte man von vielen Menschen wissen, wie zufrieden sie mit ihrem Lohn bzw. Gehalt sind. Das erste Ergebnis dieser Umfrage war leicht zu erraten. Je mehr ein Mensch verdient, desto zufriedener ist er. Das zweite Ergebnis besagte, dass die Menschen zunehmend unzufriedener wurden, wenn sie wussten, dass andere im gleichen Alter, mit dem gleichen Geschlecht und mit einem ähnlichen Bildungsniveau dasselbe verdienen. Dabei spielte es keine Rolle, ob der oder die Befragte selbst gut oder schlecht verdient hat.

Hier kommt der Neid zum Vorschein, der unser Leben stark beeinflusst. Viel zu viele Menschen vergleichen sich ständig mit anderen. Wenn dieser Vergleich für sie selbst unvorteilhaft ausfällt, haben sie zwei Entscheidungsmöglichkeiten für ihr weiteres Handeln – den schwierigen, harten und anstrengenden oder den leichten, billigen und bequemen Weg zu wählen.

Die schwierige Methode besteht darin, noch härter zu arbeiten, sich weiterzubilden und immer sein Bestes zu geben, damit man sich den anderen gegenüber einen „Vorteil" verschaffen kann.

Wer sich für den leichteren Weg entscheidet, lästert ganz einfach über alle, die erfolgreicher sind, man macht sie bei jeder Gelegenheit schlecht und man wertet ihre Erfolge ab, indem man sie ins Lächerliche zieht. Dies tut derjenige dann so lange, bis man meint, es wäre alles wieder im Gleichgewicht.

Leider kommt es sehr oft vor, dass sich die Menschen für die billige Methode entscheiden. Zum Glück gibt es aber noch eine dritte und zufriedenstellende Option.

Wenn man nicht alle Menschen als gleich betrachtet, wenn man sie also, anders ausgedrückt, nicht alle in einen „Topf" wirft, sondern ihr Alter berücksichtigt, wird man erkennen, dass die jüngeren Menschen seltener neidisch auf die älteren Menschen sind. In den meisten Fällen hören die jüngeren Menschen sogar gern die Erfolgsgeschichten älterer Menschen, weil sie sich den Erfolg der älteren Menschen zum Vorbild nehmen und sich davon motivieren lassen. Schließlich liegt ihr Leben ja noch vor ihnen und alles ist möglich. Je älter ein Mensch wird, desto schlimmer, ungerechter und unzufriedener kann er manchmal werden.

Einer der Gründe hierfür besteht darin, dass sich die älteren Menschen daran erinnern, was sie in ihrem Leben eigentlich noch alles tun wollten und was sie verpasst haben, weil sie ihre Zeit in jungen Jahren mit anderen Dingen vergeudet haben.

Liebe Leser, sagen Sie jetzt bitte nicht, dass Sie in Ihrem Leben noch nie etwas bereut haben!

Falls Sie das doch behaupten sollten, müssen Sie über eine erstaunliche Gelassenheit verfügen und ziemlich abgeklärt sein. Auch dies könnte man als eine Art des Bereuens betrachten, weil Menschen mit diesen Charaktereigenschaften in ihrem Leben nur sehr selten etwas wagen.

Wenn man erst im Nachhinein erkennt, dass man etwas versäumt hat, nahezu Bestimmtes zu tun oder zu wagen, bereut jeder Mensch hin und wieder etwas in seinem Leben. Aus der Situation, in dem man irgendwas bereut, lernt man aber auch gleichzeitig etwas dazu.

Weil mich dieses Thema sehr interessiert hat, habe ich mir die Zeit dafür genommen, mehrere ältere Menschen zu fragen, was sie in ihrem Leben bereut haben. Dadurch wollte ich Erfahrungen sammeln und die Gefühle und Ansichten dieser Menschen verstehen. Die Aussagen in Bezug auf die Dinge, die sie bereut haben, klangen fast immer gleich.

Immer wieder habe ich gehört: „Wenn ich doch nur den Mut dazu gehabt hätte, mein eigenes Leben zu leben!" Oder: „Wenn ich doch nur mehr Zeit mit meiner Familie verbracht hätte, statt zu viel zu arbeiten!" Oder: „Ich war viel zu sehr damit beschäftigt, ständig nachtragend zu sein. Dabei wollte ich doch eigentlich glücklicher werden."

Das Traurige, das all diese Aussagen gemeinsam haben, ist die Tatsache, dass diese Menschen ihre Entscheidungen erst getroffen haben, als es bereits zu spät war.

Während der Zeit, in der ich diese Sätze gehört habe, dachte ich zwangsläufig auch viel über mein eigenes Leben nach, über das, was ich noch alles tun, erleben, sehen und fühlen möchte.

Dabei fragte ich mich, was ich dieser Welt hinterlassen werde. Es muss ja nicht unbedingt etwas Weltbewegendes und auch nichts Sensationelles sein, sondern einfach etwas, auf das ich selbst stolz sein kann. Das heißt natürlich nicht, dass ich weltbewegende oder sensationelle Dinge nicht mag.

Mich berühren vor allem die Geschichten von Menschen, die gezeigt haben, dass auch eine einzelne Person die Welt bewegen kann, wie zum Beispiel ein kleines Mädchen, das für den Klimawandel kämpft, oder ein alter Mann, der seinem Land ohne den Einsatz von Gewalt den Frieden gebracht hat.

Die Berichte über diese Taten beweisen, dass wir Menschen durchaus dazu in der Lage sind, unsere Welt in einen besseren Ort zu verwandeln, und dass wir allein mit unserer Willenskraft alles erreichen können, was wir wollen. Deshalb sollten sie auch Ihnen und mir selbst als Ansporn dafür dienen, unsere Ziele auch weiterhin nicht aus den Augen zu verlieren und sie mit all unserer Kraft zu verwirklichen.

Aus gutem Grund habe mir selbst für den Anfang nicht gleich eines der riesigen Projekte vorgenommen, die ich gern als „Mammut-Missionen" bezeichne. Es war mir nämlich wichtig, erst einmal ein realistischeres Ziel zu erreichen.

Deshalb habe ich mich zunächst für etwas entschieden, das ich aus eigener Kraft bewältigen kann. Dieses Ziel sollte mein persönlicher Ausgangspunkt werden, damit ich zu mir selbst sagen kann: „Ich habe es gewagt, in meinem Leben etwas zu tun, das ich schon immer tun wollte, und das aus eigener Kraft." Dadurch habe ich wesentlich mehr Selbstvertrauen gewonnen. „Wer weiß, was danach noch alles möglich sein wird?", fragte ich mich im Anschluss daran.

Damals schrieb ich alles auf, was ich noch tun und erreichen wollte, wobei es mir aufgefallen und bewusst geworden ist, dass ich mit all dem, das ich mir notierte, noch nie wirklich begonnen hatte.

Also reiste ich gedanklich in die Vergangenheit zurück, aus der ich all meine tollen Erinnerungen, Schätze, Werte und Erfahrungen in meine Gegenwart holte. Mit dieser „Ausrüstung", mit meinem Plan, meinen Werten, meinen Leitsätzen und meiner Entschlossenheit entschied ich mich voller Tatendrang dafür, den Weg zur Verwirklichung meiner Ziele zu beschreiten.

Die Vergangenheit ist längst Geschichte und daran wird sich auch nichts ändern. Für unsere Zukunft hat sie keinerlei Bedeutung, weshalb wir besser alles hinter uns lassen sollten, was unsere Handlungsfreiheit einschränkt und was uns aufhält.

Als meine Taten die ersten Ergebnisse zeigten, hatte ich ein Lächeln im Gesicht und ich spielte mit den Gedanken, was ich noch alles erreichen könnte. Das Glücksgefühl, das mich dabei durchströmte, motivierte mich dazu, meiner Fantasie hin und wieder freien Lauf zu lassen.

Trotzdem blieb ich mit beiden Beinen auf dem Boden und ich konzentrierte mich darauf, meine Ziele auch weiterhin mit all meiner Macht zu verfolgen.

Gleichzeitig lernte ich, zahlreiche verschiedene Dinge und Erlebnisse besser zu würdigen.

Ich war dankbar für alles, was mir widerfahren ist. Deshalb kann ich Ihnen auch nur dazu raten, öfter einmal von ganzem Herzen: „*Danke!*", zu sagen und sich ab und zu auch für etwas zu bedanken, das Sie bisher immer als selbstverständlich betrachtet haben.

Dazu möchte ich Ihnen einen Tipp geben: Versuchen Sie, anderen Menschen gegenüber mehr Offenheit und Aufmerksamkeit zu zeigen oder sich, anders ausgedrückt, „menschlicher" zu verhalten! Menschlich zu sein, erlaubt es uns, unsere alten Gewohnheiten zu durchbrechen, Mauern zu überwinden und Grenzen zu überschreiten, weil wir dabei über unser eigenes Ego hinauswachsen und auch einmal etwas tun, ohne dafür eine Gegenleistung zu erwarten. Dadurch wird Ihnen garantiert kein Zacken aus der Krone fallen. Ganz im Gegenteil! Sie können sich sogar eine brandneue Krone aufsetzen − die Krone der Menschlichkeit -, was meiner Meinung nach in unserer heutigen Zeit viel zu selten geschieht.

Wenn Sie sich wünschen, dass Ihnen andere Menschen freundlich gegenübertreten, müssen Sie zunächst selbst freundlich sein. Wenn Sie geliebt werden möchten, müssen Sie erst selbst jemanden lieben.

Völlig unabhängig davon, was Sie sich erhoffen, gilt die Regel, dass Sie es zuerst tun oder geben müssen.

Manchmal kommt es leider vor, dass die Menschen nicht das tun, was man sich von ihnen wünscht. Wenn man in diesem Fall einfach nur darauf wartet, dass sich daran etwas ändert, werden die Beteiligten ewig aufeinander warten, ohne dass etwas passiert.

An dieser Stelle kann es sich als sehr hilfreich erweisen, die eigenen Erwartungen ein wenig herunterzuschrauben. Ein Gefallen, den Sie einem anderen Menschen tun, kann beispielsweise kleine oder sogar größere Wunder bewirken. Wenn Sie dazu bereit sind, sich darauf einzulassen, wird dies Ihre Handlungsfreiheit erweitern und Ihre innere Zufriedenheit enorm steigern.

Nutzen Sie Ihre Chance, ein besseres Leben zu führen!

Fragen Sie sich auch manchmal, was Sie alles tun würden, wenn sich plötzlich die Chance Ihres Lebens vor Ihnen aufgehen? Was würden Sie in diesem Augenblick an Ihrem eigenen Leben und am Leben anderer Menschen in Ihrer Umgebung verändern?

Wenn ich eines Tages extrem erfolgreich werden sollte und dadurch die Gelegenheit hätte, mich für einen guten Zweck zu engagieren, würde ich ein Kinderkrankenhaus, ein Waisenhaus oder einen Spielplatz bauen lassen oder eine Tierschutz-Organisation unterstützen.

Ja, Sie haben richtig gelesen. Ich würde diese Dinge tatsächlich bauen lassen. Natürlich würde ich das Ganze selbst planen und organisieren. Ich würde aber trotzdem ein Bauunternehmen mit der Realisierung meines Vorhabens beauftragen. Falls Sie sich jetzt fragen sollten, warum ich mich dafür entscheiden würde, kann ich nur sagen, dass ich dies für einen Menschen, der mehr als genug Geld besitzt, als vollkommen logisch betrachte. Warum sollte ich in dieser glücklichen Lage alles selber bauen und tun? Stattdessen würde ich mit meiner Entscheidung zwei Seiten gleichzeitig unterstützen – ein Unternehmen, das sich über den Auftrag freut, und eine Organisation, die mit meiner Spende viel Gutes bewirken kann. Auch dies wäre ein passendes Beispiel für ein besseres Handeln.

Ein Ähnliches Beispiel zum Thema besser Handeln wäre auch, dass Sprichwort „Gib einem Menschen einen Fisch, und du ernährst ihn einen Tag, lehre ihn das Fischen, und du ernährst ihn ein Leben lang."

Mir würde es nicht vordergründig darum gehen, eines der erwähnten Beispiele als die perfekte Lösung darzustellen. Wesentlich wichtiger wäre es mir, meinem Land und der Stadt, in der ich lebe, etwas zurückzugeben. Um die richtige Entscheidung treffen zu können, würde ich die Alternativen A und B gar nicht erst miteinander vergleichen, sondern mich einfach danach richten, was meine Stadt besonders dringend braucht.

Die Wahl zwischen zwei oder sogar noch mehr Möglichkeiten würde mich nur blind machen und die anderen Chancen nicht mehr erkennen lassen. Hier bietet es sich an, noch einmal auf das Beispiel zum Thema „ Akzeptanz" zurückzukommen.

Wenn man zwei oder mehr Alternativen zur Auswahl hat, sollte man sich nicht fragen, was man selber am liebsten tun möchte, sondern sich vor Augen führen, was die anderen wollen, und dementsprechend handeln.

In diesem Zusammenhang kann ich Ihnen nur raten, nicht alles gleichzeitig und zu detailliert zu planen.

166

Eine allzu akribische Schritt-für-Schritt-Planung hat schon des Öfteren zu einem gewaltigen Irrtum geführt. Kalkulieren Sie grundsätzlich auch das Unerwartete mit ein!

Der zuverlässigste Schutz vor unangenehmen Überraschungen besteht nämlich darin, mit diesen Überraschungen zu rechnen. Mit dieser Einstellung kann Sie nichts mehr erschüttern und sie hilft Ihnen dabei, einen kühlen Kopf zu bewahren. Auf Überraschungen vorbereitet zu sein, erlaubt es Ihnen, im Fall der Fälle schneller zu handeln.

Haben Sie es auch schon einmal erlebt, dass in Ihrer Stadt ein neues Einkaufszentrum gebaut wurde und dass alle bereits vor der Eröffnung darüber redeten? Selbst die regionalen Zeitungen und Fernsehsender berichteten Tag für Tag darüber, wie großartig es sein würde. Als ich in einem solchen Fall am Tag der Eröffnung live dabei war, um es mir anzuschauen, erkannte ich plötzlich total enttäuscht, dass die großen Versprechungen nur heiße Luft gewesen waren. Mit der ganzen Aufregung hatte man die Erwartungen zwar extrem hochgeschraubt, erfüllen konnte man sie aber nicht.

Im Anschluss an dieses Erlebnis ging ich wie sehr viele andere Menschen mit gesenktem Haupt und völlig ernüchtert nach Hause. Wenn ich damals auf eine derartige Überraschung vorbereitet gewesen wäre, hätte ich das alles mit ganz anderen Augen betrachtet.

Bei unserem Gehirn handelt es sich eben um keinen Super-Computer mit einer unendlichen Rechenleistung.

Wir Menschen sind wesentlich unvollkommener, als wir meinen. Wenn wir glauben, wir könnten und wüssten ausnahmslos alles, machen wir einen gewaltigen Fehler.

Vor allem diejenigen unter uns, die sich selbst zu Experten ernannt haben, sind immer für eine Peinlichkeit gut. Dies fällt uns hauptsächlich dann auf, wenn sie etwas von sich geben, ohne auch nur die geringste Ahnung davon zu haben. Sie scheinen nun einmal der Meinung zu sein, dass es die Hauptsache wäre, überhaupt etwas zu dem jeweiligen Thema gesagt zu haben. Wenn man nichts zu sagen hat, sollte man aber einfach einmal „das Maul halten", bevor es richtig peinlich wird.

Bedenken Sie immer, wie weit Ihr Wissen reicht, und vergessen Sie nie, dass es absolut keine Schande ist, zu einem bestimmten Thema nichts sagen zu können!

Wie Sie ja nun bereits wissen, besteht die gute Nachricht darin, dass Sie den Willen zum Lernen besitzen und dass Sie sich demzufolge zu jeder Zeit neues Fachwissen aneignen können.

Versuchen Sie auch, die betreffende Situation aus mehreren verschiedenen Blickwinkeln heraus zu betrachten, um eine geeignete Lösung zu finden! Verlassen Sie sich nie ausschließlich auf Ihr Fachwissen, wie es beispielsweise ein Mechaniker tun würde, der meint, alles reparieren zu müssen, ein Anwalt, der glaubt, man könnte alles mit Gesetzen lösen, oder ein Verkäufer, der denkt, alles verkaufen zu müssen!

Auf der Suche nach der entsprechenden Lösung für jedes erdenkliche Problem sind Fähigkeiten gefragt, die sich dabei als hilfreich erweisen. Es gibt aber auch Fähigkeiten, die zwar wichtig sind, die Ihnen in diesem Fall aber nicht weiterhelfen.

Passen Sie Ihr Denken und Handeln flexibel an die jeweiligen Gegebenheiten an! Wenn Ihr Plan A nicht funktioniert, versuchen Sie es eben mit einem Plan B oder C! Machen Sie sich keine Sorgen! Das Alphabet hat noch 23 weitere Buchstaben zu bieten. Einer davon wird Ihnen mit Sicherheit dabei helfen, eine passende Lösung zu finden.

Jetzt nähere ich mich allmählich dem Ende dieses Kapitels und damit auch dem Ende dieses Buches. Einige abschließende Ratschläge möchte ich Ihnen aber vorher noch mit auf den Weg geben.

Nehmen Sie sich Zeit und konzentrieren Sie sich auf das Wesentliche, auf das, was für Sie persönlich wertvoll, wegweisend und wirklich wichtig ist, oder anders ausgedrückt, auf das, was Sie wollen!

Vergeuden Sie keine Zeit mit den nutzlosen Nachrichten, die ich gern als „die neuesten News" bezeichne! Damit meine ich natürlich nur die Berichte über Stars und andere Berühmtheiten, den ganzen Klatsch und Tratsch und den restlichen Bullshit, mit dem wir ständig bombardiert werden, der uns am Ende aber keinen einzigen Schritt weiterbringen wird.

Wen interessiert es denn wirklich, wer mit wem geschlafen hat, welcher Star geheiratet hat oder wer sich von wem getrennt hat? Wofür soll es gut sein, eine Lady aus der „High Society" ununterbrochen zu verfolgen, um fortlaufend darüber berichten zu können, was sie so tut? Hat dieses „Wissen" tatsächlich einen Nutzen für unser eigenes Leben?

Nehmen wir doch einfach einmal an, dass Sie sich dafür interessieren. Und jetzt? Was bringt es Ihnen? Jetzt wissen Sie also, wer sich gerade ein Haus in Miami gekauft hat. Und was fangen Sie nun damit an?

Wissen Sie vielleicht auch, wie lang die Chinesische Mauer ist? Die Antwort lautet: „Rund 22.000 km."

Aufgrund der Fragen, die ich Ihnen gerade eben gestellt hatte, ahnen Sie sicher schon, dass es nicht darum geht, ob Sie die Antwort auf diese Frage gekannt haben, sondern vielmehr darum, dass man sich über bestimmte Dinge informiert, wenn man sich durch eine gewisse Liebe zum Detail auszeichnet. Auch hierbei sollte man sich aber auf die Dinge konzentrieren, die einem wirklich helfen können, im Leben weiterzukommen.

Stellen Sie sich doch einmal vor, Sie müssten sich auf eine Prüfung vorbereiten und deshalb sehr viel lernen!

In diesem Fall fällt es keinem von uns leicht, sich begeistert hinzusetzten und mehrere Tage, Wochen oder sogar Monate lang zu büffeln, um sich den gesamten „Stoff" anzueignen. Genau das ist nämlich der Knackpunkt bei diesem Thema. Versuchen Sie, das, was Sie lernen müssen, zu lieben! Es sollte Sie mindestens ebenso begeistern wie die Themen, die Sie so sehr interessieren und denen Sie täglich einen beträchtlichen Teil Ihrer Zeit widmen. Es ist von entscheidender Bedeutung, dass Sie immer das Positive in allem sehen.

Wenn Sie für eine Prüfung lernen, wird es für Sie leichter werden, diese Prüfung zu bestehen. Denjenigen, der sich entsprechend vorbereitet hat, wird man auch mit den schwierigsten Fragen nicht aufs Glatteis führen können.

Die oben erwähnten News mögen vielleicht unterhaltsam sein, aber genau das ist ja das Gefährliche an ihnen. Dadurch lenken sie unsere Aufmerksamkeit nämlich von dem ab, was für uns persönlich viel wichtiger ist.

Ein nackter Oberkörper, ein betrunkener Star, der mit seinem Luxus-Auto gegen eine Wand gefahren ist, Blaulicht-Reportagen, übertrieben fette Überschriften ohne entsprechende Hintergrund-Informationen, die man ganz bewusst weggelassen hat, - und schon sind Sie vom Wesentlichen abgelenkt. Sich mit den nutzlosen News zu beschäftigen, anstatt sich auf sinnvollere Dinge zu konzentrieren, hat Sie am Ende nur viel wertvolle Zeit gekostet und bringt Sie kein Stückchen weiter.

Informieren Sie sich besser über wirklich Wissenswertes! Widmen Sie Ihre kostbare Zeit zum Beispiel kulturellen Themen, unserer Geschichte und all den Dingen, mit denen Sie in Ihrem Leben etwas anfangen können!

Aus demselben Grund verschwende ich meine Zeit schon seit Langem nicht mehr mit nutzlosem Wissen. Weil es mich kein bisschen weiterbringt, interessiert es mich auch nicht. So einfach ist das. Über die aktuellen Nachrichten aus Ihrer Region und über die internationalen Ereignisse können Sie sich natürlich gern informieren, es damit aber besser auch nicht übertreiben. In dieser Art der Nachrichten sehe ich einen Sinn, in den anderen aber nicht.

Liebe Leser, ich danke Ihnen dafür, dass Sie mein Buch gelesen haben. Für Ihren weiteren Lebensweg wünsche ich Ihnen recht viel Erfolg und dass Sie immer weiterkommen. Verlieren Sie das Ziel, das Sie erreichen wollen und werden, bitte nie aus den Augen!

Leben Sie Ihr Leben so, wie Sie es sich schon immer gewünscht haben!

Thomas Pusat

ENDE